함께 비를 맞으며 걸어갈 수 있을까?

-고통을 넘어 힐링으로-

한가문연 비블리오 테라피 총서 001

함께 비를 맞으며 걸어갈 수 있을까? -고통을 넘어 힐링으로-

교회인가 | 2013년 12월 10일
초판 1쇄 발행 | 2014년 10월 9일

지은이 | 김수정 김영수 박문수 오지섭 이연수
펴낸이 | 김민수 신부(한가문연 원장)
엮은이 | 이연수

펴낸곳 | 꼬무니오
신 고 | 제313-2011-240호(2011년 8월 29일)
주 소 | (121-848) 서울시 마포구 서교동 475-13 원천빌딩 6층
이메일 | commonlifebooks@gmail.com

공급처 | 도서출판 평사리
전 화 | 02-706-1970
팩 스 | 02-706-1971

ISBN 978-89-98340-03-2 (03230)

*책값은 표지 뒤쪽에 있습니다.
*파본은 본사와 구입한 서점에서 교환해 드립니다.

한가문연
비블리오
테라피 총서
001

함께 비를 맞으며 걸어갈 수 있을까?

-**고통**을 넘어 **힐링**으로-

김수정 김영수 박문수 오지섭 이연수
(한국가톨릭문화연구원)

꼬무니오

머리말

모두가 고통을 호소한다. 절대 빈곤을 이겨내고 '전 국민 건강보험'을 실현한 나라에서 다들 아프다고 아우성이다. 몸도 몸이지만 마음이 더 아프다고 한다. 그 탓일까? 몸과 마음을 낫게 해줄 힐링 비법들을 찾아 많은 이들이 순례를 떠나고 있다. 이제 목적지는 더 이상 종교가 아니다.

안타깝게도 이렇게 힐링 광풍이 몰아치고 있는데 진정한 치유를 경험했다는 이들을 만나기 어렵다. 오히려 답을 구하려다 더 큰 고통만 얻었다는 이들로 넘친다. 힐링을 갈망하다 더 큰 병을 얻은 모양새다. 과연 진정한 치유는 가능할까? 그리고 진정한 치유는 어디에 있을까?

한국가톨릭문화연구원이하 한가문연에서는 사 년 전부터 현대인이 힐링을 갈망하는 원인과 그에 대한 답을 찾기 위해 독서포럼을 진행해왔다. 포럼을 시작하고 처음 이 년 동안은 주제별로 대화를 나누고 힐링을 돕는 책들에 대한 서평을 써왔다. 그 다음 해부터는 이번 책처럼 서평 시리즈를 낼 생각으로 필자들만 모여 고통과 힐링에 대해 원고를 쓰고 서로 비평하며 내용을 수정해왔다.

이 과정에서 우리는 애초 한가문연이 바라던 대로 가톨릭 양서는 일반인에게, 또 교회 밖에서 나온 책은 신자에게 읽혀야 소통이 가능하다는 생각으로 책 선정 범위를 넓히고자 노력하였다. 주제별로는 힐링이 고통을 전제로 하고 있으니 원인이 되는 고통부터 먼저 다루는 게 바람직하다고 생각하였다. 글 싣는 순서가 이 고민의 결과를 보여준다.

고통은 인간의 시작과 더불어 존재하였고, 인간이 있는 곳이면 어디든 존재하니 삶의 조건인 셈이다. 그러니 무조건 피하거나 없애는 게 능사는 아니다. 오히려 잘 대접하고 다독거려야 한다. 역설적이게도 고통은 적이라 생각하고 밀어낼수록 더 큰 힘으로 우릴 사로잡는 속성이 있다. 이 때문에 우리가 할 일이란 고통의 원인과 본질을 꿰뚫어 보고, 가능한 대로 그에 대한 답을 얻기 위해 몸부림치는 것뿐이다.

인류 역사를 살펴보면 힐링은 고통의 원인과 본질을 깨닫는 순간 시작되었다. 아니 고통에 대해 질문하는 순간부터 시작되었다. 그리고 힐링은 결과가 아니라 과정에서 자연스럽게 일어났다. 이 때문에 고통에 대해 질문하고 이 질문을 사랑하면서 해결시도를 멈추지 않는 일이 중요하다. 그렇다면 우리 시대의 힐링 열풍에 대한 답도 이 단순한 사실에서 찾아야 할 터.

고통의 원인이 다양한 만큼 이에 대한 해결책도 다양하고 복잡하다. 그러니 어느 한 방법으로 모든 문제를 다 해결해 주겠다고 나서는 치유법에 대해선 의심의 눈초리를 거둘 수 없다. 빠른 시간에 효과를 약속하는 방법도, 스스로 노력하는 수고를 덜어 주려는 방법에 대해서도 마찬가지다. 적어도 좋은 치유법은 '시작하기 쉽고 스스로 오래 지속할 수 있으며 몸으로 익히는 것이어야 한다'.

육신과 마음이 하나이니 이 둘을 잘 다스리는 일은 기본이고, 이 몸들이 살아가는 환경도 편안해야 하기에 사회구조도 외면할 수 없다. 삶의 모든 조건이 함께 살 만하게 바뀌어야 진정한 치유도 이뤄지는 법이니 말이다.

우리는 이렇게 합의한 바탕 위에서 두 주제 모두 집필자의 전공을 살려 가능하면 삶의 여러 영역들을 널리 포괄해보고자 하였다. 그래야 그나마 고통의 다양한 원인에 접근하고 또 그에 대한 해결책을 제시할 수 있을 것 같았다. 집필을 마치고 나니 이 생각이 옳았다는 생각이다. 다들 인생의 결이 다른데 어찌 한 방법으로 해결할 수 있단 말인가? 그리고 자기 문제를 남이 어떻게 해결해 준단 말인가? 결국 자기 문제를 제 힘들이지 않고 해결하려다 탈이 나는 게 아닌가?

우리가 독자에게 제시하는 답은 간단치 않다. 스스로 답을 찾기를 요구한다. 우리가 제시한 수십 권의 책 가운데 자기 상황에 맞는 것을 고르고 이를 읽어가며 자신을 들여다볼 때만 답을 '어렴풋이'나마 찾을 수 있다. 굳이 '어렴풋이'라 표현하는 이유는 이렇게 고민해 나가는 과정이 답이라 보았기 때문이다. 실제로 그 답은 나 외에 다른 이들에게는 설득력이 없을 수도 있다. 따라서 정직한 이들이라면 남에게 이처럼 답을 제시해야 하리라.

한국사회는 서구에서 이백 년이 넘게 걸린 산업화, 정보화를 불과 반세기 만에 성취하였다. 그 결과 물질적 측면에서는 선진국 수준에 올랐다. 그런데 이 속도가 너무 빨라 급정거했을 때처럼 몸과 정신이 한쪽으로 심하게 쏠려 있다. 몸과 마음이 온전할 리 없다. 그나마 힐링을 좇는 이들은 자신이 이런 상태에 있다는 사실이라도 알고 있으니 다행이라 여길 뿐이다.

세계화의 거대한 물결은 이제 한숨을 돌린 한국인을 다시 살풍경한 경쟁으로 몰아넣고 있다. 젊은이는 일자리가 없고, 그들의 부모는 한참 벌어야 할 나이에 일자리에서 쫓겨난다. 쉬어야 할 노인은 열악한 복지수준 탓에 저임금 일자리로 내몰린다. 효도도 사회적 안전망도 제대로 기능하지 않는 사각지대에서 고독사로 생을 마무리하는 일도 흔하고…….

이렇게 다들 불황이라 아우성인데 다른 한쪽에는 부富가 쌓여 간다. 이 때문에 대다수는 생존불안에 상대적 박탈감까지 덤으로 떠안아야 한다. 그런데 부를 가진 이들도 고통을 호소하긴 마찬가지다. 이른바 정신적 고통이다. 의미가 결여된 풍요가 행복을 주지 못해서란다. 이처럼 모두가 고통을 호소하고, 행복하지 않다며 푸념하는 사회가 오늘의 한국이다. 그래서 다들 자신을 돌보는 일뿐 아니라 남을 배려할 여유도 없다. 고통은 이처럼 답답한 현실에서 시작되고 있다.

우리의 작은 노력은 이러한 현실을 외면하지 않고 답을 찾기 위해서였다. 앞으로도 이 시리즈는 책을 통해 교회와 사회가 그리고 신앙과 불신앙이 소통하면서 인간의 궁극적인 문제를 찾아가는 데 도움이 되는 방법들을 다루게 될 예정이다. 각자의 내면에서, 가정에서, 사회에서, 그리고 넓은 세계에서 깊고 넓은 소통으로 나아가는 방법을 찾는 데 우리의 작은 노력이 도움이 될 수 있기를 소망한다. 때론 '책이 우리를 치유한다'.

박문수

차례

II. 힐링

1. 고통

1_ 고통, 그 자체와 공감의 간격

김영수 문학박사, 한국가톨릭문화연구원 연구이사

대체로 우리는 마음의 아픔에 대해 부정적인 생각을 가지고 있다. 그러나 우리 몸 어딘가가 썩어 들어가는데도 아프지 않다면, 이보다 더 난처한 일이 있을까? 문제는 우리의 아픔에 있는 것이 아니라, 우리를 아프게 하는 것들에 있다. 오히려 아픔은 '살아 있음'의 징조이며, '살아야겠음'의 경보라고나 할 것이다.

정신의 아픔은 육체의 아픔에 비해 잘 감지되지 않기 때문에, 우리의 정신은 병들어 있으면서도 알아채지 못하는 경우가 많다. 정신의 아픔, 그것만 해도 다행이 아닐 수 없다. 자신이 병들어 있음을 아는 것은, 치유가 아니라 할지라도 치유의 첫 단계일 수는 있기 때문이다. 그러나 우리가 아픔만을 강조하게 되면, 그 아픔을 가져오게 한 것들을 은폐하거나 신비화하게 될지도 모른다.

우리가 이 세상에서 자신을 속이지 않고 얻을 수 있는 하나의 진실은 우리가 지금 '아프다'는 사실이다. 그 진실 옆에 있다는 확실한 느낌과, 그로부터 언제 떨어져 나갈지 모른다는 불안한 느낌의 뒤범벅이 우리의 행복감일 것이다. 망각은 삶의 죽음이고, 아픔은 죽음의 삶이다.

– 이성복의 『뒹구는 돌은 언제 잠 깨는가』에서

산을 오르면서

모처럼 친구들과 북한산을 올랐다. 늘 만나면 저녁 먹고 술이나 한 잔 하며 서로 살아가는 이야기를 하는 것이 전부였다. 그러던 것이 중년을 넘기면서 어느 때부터인가 모임은 식사 후 간단한 맥주 정도로 간소화되더니 급기야 지난번에는 한 친구가 이렇게 시내에서만 만나지 말고 가까운 산에라도 올라보자는 제안으로 북한산에 가게 되었다.

사실 산이라도 한번 가자는 말이 이번에 처음 나온 것은 아니었다. 한 십 년 전부터 그런 이야기는 있었다. 그래도 북한산에 가자고 하면 모두들 시근퉁해 하곤 했다. 그도 그럴 것이 북한산 산자락의 마을, 어릴 때의 북한산은 우리들의 놀이터였기 때문이었다. 북악터널이나 구기터널이 생기기 전 북한산 주변은 온통 복숭아, 자두가 지천이었다. 물은 또 얼마나 깨끗하였던가. 계곡을 조금만 올라가도 가재가 많아 하루 종일 놀아도 지루하지 않았다. 저녁노을이 서편하늘을 빨갛게 물들이고 있을 무렵, 동네 어귀에는 자녀들의 늦은 귀가를 기다리는 어머니들의 모습이 눈에 선하다.

불광역에서 만나 족두리봉으로 올라 둘레길로 접어들었다. 산의 초입까지 어릴 때 보던 옛 풍광은 없었으나 능선에 올라서니 산은 그대로 거기에 있었다. 아니 풍성해져 있었다. 속살을 드러내 보이던 곳은 푸르름으로 가득 차 있었다. 내 놀던 바위도 그대로 있었고, 시냇물도 여전히 흘렀다. 산길은 더 반듯해졌으며, 친절한 표지판 등등이 새롭게 느껴진다. 그러나 여전히 내려다보는 시가지의 모습은 많이 달랐다.

초입에서는 이런저런 이야기를 나누었는데 어느 덧 말이 없어졌다. 너무 오랜만에 올라서일까 숨이 턱밑까지 차오른다. 하긴 좀 이것저것 생각하고 처리할 일이 많아 산에 올라본 지도 꽤 된 듯하다. 힘이 든다. 나만 그럴까 하고 슬그머니 옆을 보니 중년의 희끗희끗한 머리가 온통 땀에 젖어 있었다. 그 친구도 힘들기는 마찬가지였나 보다.

모두들 힘이 들어 핑계김에 사진이나 한방 찍기로 하였다. 준비해 간 카메라는 없었으나 시대가 좋다는 것이 무엇인가? 나란히 서서 너도나도 하나씩 가지고 있는 스마트폰으로 찰칵, 그리고 그 자리에서 모두에게 사진을 전송해 준다.

집에 돌아와 사진을 보니 이게 웬일인가? 오랜만의 산행으로 몸은 꽤 힘들었는데 표정은 꽤 밝기만 하다. 몸의 고통과 표정의 밝음, 그리고 보면 고통을 꼭 고통으로만 생각할 일도 아닌듯하다.

고통, 느끼는 자만의 것

며칠 동안 이번 주제 '고통'을 생각해 보았다. 새삼스럽게 읽었던 책을 찾아보기도 하였고, 더러는 다시 읽기도 하였다. 다시 읽은 책에는 밑줄이 그어져 있었다. 이 부분에 왜 밑줄을 그었을까? 지금 보기에는 참 당연한 말인데, 당시에는 무슨 특별한 의미가 있다고 생각하였는지 생각이 날듯말듯하다. 가물가물한 기억 속에 예전의 나를 더듬어 보는 것도 사실 나쁘지는 않았다. 그렇다고 유쾌한 기억도 아니다. 산에 오르기가 예전보다 훨씬 힘들어진 것처럼 본래 그리 좋지도 않았던 기억력도 가물가물해지는 느낌이었기 때문이다. 몸이 힘들고, 기억력이 선명하지 않은 것도 고통일까? 그렇다. 내가 고통이라고 생각하는 한 고통일 것이다.

'고통'은 늘 일상성 안에서 관심이 가는 주제였다. 개인적인 체험으로 보면 고통은 분명 존재하나, 정량화할 수 없었다. 이를테면 같은 자극이라도 사람에 따라 다르다는 것이다. 언젠가 허리가 아파 한의사 친구에게 내 몸을 보였다. 친구는 침대에 올려놓고 가늘고 긴 침으로 여기저기 찔러댔다. 침이 가져오는 야릇한 통증, 약간의 불편함을 동반한 노곤함으로 잠시 졸다가 깨니 허리의 통증은 많이 완화되어 있었다. 통증은 몸에 분포되어 있는 통점痛點, pain spot의 수에 따라 달라진다고 한다. 이를테면 통점이 많은 사람은 같은 침을 맞더라도 더 예민하게 느낀다는 것이다. 사실 침을 맞으면서 그리 큰 통증을 느끼지 못했는데 이는 그만큼 통점의 수가 적다는 것이고 의사로서는 진료하기 한결 수월한 환자라는 소리를 들었다. 같은 강도의 충격에도 개인마다 느끼는 정도가 다르다는 것, 이것이 고통이 주관적이라는 근거가 된다.

그런데 문제는 고통, 즉 주관적으로 느끼는 통증의 차이만은 아니다. 이놈은 늘 혼자 다니는 법이 없었다. 몸은 힘들면서도 무엇인가 시원한 느낌을 주었던 산행사진처럼 고통은 다른 감정이나 깨달음, 인식들을 수반하는 경우가 많았다.

국어사전에 의하면 '고통이란 몸이나 마음의 괴로움과 아픔'을 말한다. 그런데 '남의 염병이 내 고뿔만 못하다'는 속담에서 보듯이 고통은 지극히 주관적이다. 즉, 행위 주체의 감각pathos 또는 감정의 극단적인 불쾌감으로 표현되는 고통은, 느끼는 자만의 것이라는 점이다. 여기에 고통으로 해석될 만한 궁핍, 상실감, 아픔, 분노, 결핍 등의 부정적 감정도 포함된다. 한편으로 고통은, 즉 기쁨, 행복, 성숙, 믿음 등 포괄적 개념인 사랑을 동반할 때 긍정적 느낌들과 함께 해석되기도 한다. 이를테면 고된 새벽장사에서 돌아온 어머니가 학교에 갈 자녀의 도시락을 준비하는 과정은 이루 말할 수 없는 고통이지만 그 고통은 기쁨을 동반하기도 한다. 또한 종종 돈 벌어오는 기계로 언급되는 한국의 아버지들 역시 가족을 위해 사회에서 온갖 고통에 직면하지만 그렇게 해서 벌어온 돈으로 가족이 먹고살 것을 생각하면 오히려 그 정도는 감내할 만한 기쁨이라는 말들을 한다. 이는 고통은 기쁨이나 희망, 외로움 등 여타의 감정을 필히 동반한다는 것이다.

이렇듯 고통은 그 '힘든' 어휘의 뜻에 반하여 우리의 삶에 넓고 깊게 관여되어 있는 주제이며 이를 통해 얻어지는 것이 많은 그런 개념이다.

그런데 '고통'하면 떠오르는 책이 별로 없다. 분명히 우리 생활 깊숙이 자리잡고 있는 이 사안에 대해 떠오르는 책이 없다는 것 자체가 신기할 정도이다. 그도 그럴 것이 고통은 늘 그 자체보다는 어떠어떠한 일의 진행 과정에 존재했고 또 다른 사람이 끼어들 여지없이, 거의 느끼는 자만의 것이기에 때문이다. 그렇기에 늘 고통보다는 전후 맥락에 강조점이 주어진다. 그리고 고통을 어느 정도는 벗어날 때 비로소 해석이 가능하다. 그렇기에 고통보다는 고통 전후의 맥락과 그 해석에 초점이 맞추어진다. 다시 말해서 문학을 포함한 모든 저술이 고통 자체보다는 무엇 때문에 고통을 받았고, 그것을 어떻게 극복하였으며, 그 가운데 고통의 의미는 무엇이었는가에 비중이 주어진 것은 여기에서 그 이유를 찾을 수 있다.

그렇기에 인문학 가운데 의미의 중심을 이루는 철학에서조차 고통 자체보다는 고통을 수반하는 의미와 더불어 다루어지는 정도이다. 의미를 제외하고 보면 고통이란 우리의 모든 일상사 그 자체이며, 여기에서 의미를 제거하고 바라보기는 거의 불가능하기 때문이 아닐까 한다.

고통을 바라보는 태도,
그리고 고통 이미지의 변주, 그 비정함

수전 손택 『타인의 고통』
(이재원 옮김, 이후, 2004)

사실 고통의 문제는 고통 자체보다는 그 고통에 어떠한 의미가 있는지에 초점이 주어진다. 다시 말해서 고통에 대한 우리의 인식이 문제가 되는 것이다. 고통의 대상이나 주체, 나아가 고통의 정도보다는 그 고통에 대한 해석이 중요하다. 다시 말해서 고통이 그 대상에게 어떠한 의미가 있는가 하는 문제이다. 그리고 그 의미가 타인에게 전이될 때 고통의 맥락에 대한 공감이 형성된다. 여기서 실제 고통과 그것을 바라보는 해석과의 간극이 생겨날 수 있다.

이런 의미에서 수전 손택의 『타인의 고통』 이재원 옮김, 이후, 2004 은 충분히 읽어볼 만한 책이다. 이 책은 표제 자체에 '고통'이라는 어휘가 사용되기는 하였으나 정확하게 말하면 고통의 문제라기보다는 사진 이미지의 특성을 다루고 있다. 손택에 따르면 사방팔방이 폭력이나 잔혹함을 보여주는 이미지들로 뒤덮인 현대 사회에서 사람들은 타인의 고통을 일종의 스펙터클로 소비해 버린다고 한다. 그 결과 타인의 고통에 대해 아무것도 할 수 없다는 무력감이 존재하며, 나아가 하룻밤의 진부한 유흥거리가 되어 대상에 대한 연민만을 보내고 만다는 것이다. 이 점에서 그는 고통에 대한 철학적 속성보다는 사회에서 고통을 다루는 태도를 문제시하고 고통을 변화시키기 위한 실질적인 행동을 촉구하고 있다.

이 책에는 빛바랜 사진이 많이 수록되어 있다. 어린아이들이 접하는 최초의 교과서가 그림책이라는 사실에서 보듯 사진, 즉 시각적 이미지는 독자에게 어떠한 상황을 전해주는 최고의 교과서이다. 따라서 전쟁의 잔혹한 장면, 즉 타인의 고통이 사진 이미지를 통해 분석되고 있는 것이다. 그리고 전쟁 사진의 이미지가 스펙터클이 아닌 실제의 세계를 지켜나가야 한다는 논증을 말해주는 것이며 나아가 전쟁의 본성과 연민의 한계, 그리고 양심까지를 생각해 볼 수 있는 단서가 된다고 하겠다.

손택은 『해석에 반대한다』 이민아 옮김, 이후, 2002 『은유로서의 질병』 이재원 옮김, 이후, 2002 등 일련의 연속되는 저작을 통해 고통과 전쟁 사진 등에 담긴 고통 이미지에 대한 다양한 접근을 시도하였다. 그 결과 고통에 대한 '해석'이 고통 받는 이들에게 새로운 고통을 초래하고 있다고 지적한다. 손택의 경우 모든 고통은 그 자체일 '뿐'으로 이를 굳이 더 확대해석할 필요가 없다고 주장한다. 사실 인류 역사에서 성경을 비롯하여, 수많은 문학작품은 물론 일상에서조차 고통은 '특별한 그 무엇' 혹은 '자신의 죄악의 결과'나 심지어는 '신의 분노' 등으로 은유화시켜 해석하는 예가 많다. 그리고 이러한 해석으로 인해 고통 속에 있는 사람은 더 상처받고 고통 받는다는 사실을 설파하고 있다. 그러나 고통을 유발하는 질병은 질병 그 자체일 뿐 그 이상도 이하도 아니라는 것이다.

그렇다면 우리는 타인의 고통을 어떻게 공감할 수 있을까? 『타인의 고통』은 바로 나와 상관없는 사람들의 고통을 어떻게 받아들이는가 하는 문제에 초점이 맞추어져 있다. 우리는 흔히 타인의 고통에 공감할 수 있다고 믿고 또 그렇게 행동한다. 그러나 손택의 저술을 보면 이 말은 진실이 아니다. 타인의 고통을 내 방식대로 재해석하거나 유추하는 정도일 뿐이라는 것이다. 사실 고통 중에 있는 사람에게 무엇이 위로가 될 수 있겠는가. 위로가 될 정도라면 이미 그 사람은 고통이라는 태풍의 눈에서 벗어나 있는 상태일 가능성이 높다. 한창 아파서 정신을 차릴 수가 없는 상황에서 무슨 말이 귀에 들어오겠는가. 아쉽게도 고통이 극에 달하였을 때 그 사람이 느끼는 고통의 정도는 측정하거나 공유하기는 불가능하다고 생각된다. 인간의 본질적인 외로움과 고통은 신에 대한 믿음으로도 해결되지 않는다. 다만 고통 중에 있는 이와 함께 있어 주는 심리적 위안 정도가 있을 뿐이다.

종합적으로 손택은 사진 매체가 타인의 고통을 소비하는 방식을 비판한다. 전쟁의 비참함과 참혹함, 그 비극의 실상을 고발하는 사진 이미지의 실질적인 반전행동 유발 효과에 대해서 의문을 제기하고 있다. 한마디로 회의적이라는 것이다. 그러면서도 미디어가 기여할 가능성을 성찰하고 있으며, 그 이면에 타인의 고통을 받아들이는 올바른 태도는 무엇인가에 대해 진지하게 탐색하고 있다고 하겠다.

고통의 다양한 모습, 다양한 해석

엔도 슈사쿠 『침묵』
(김윤성 옮김, 바오로딸, 2008)

우리의 삶에는 육체적인 아픔으로부터 시작하여 정신적 괴로움까지 다양한 고통이 존재한다. 또한 생활 속에서 고통에 대한 개개인의 직접적인 해석을 경계하더라도, 고통 그 자체가 공감을 넘어 내면의 울림으로 작용하는 경우도 적지 않다. 늘 고통은 과정으로 작용하기 때문에 초점이 맞추어지지는 않았으나 엔도 슈사쿠의 『침묵』김윤성 옮김, 바오로딸, 2008은 내재된 다양한 모습으로 고통의 결정판이라고 할 수 있다.

엔도 슈사쿠의 『침묵』은 17세기 일본 가톨릭교회의 박해 상황을 그려낸 작품이다. 그는 이 소설을 통해 고통의 순간에 하느님의 침묵은 어떠한 의미를 지니는가에 대한 문제를 제기함으로써 인간의 한계와 고통, 나아가 신의 존재 문제를 정면으로 다루고 있다. 신앙을 버려야만 목숨을 구할 수 있는 박해 상황에서 고통의 문제는 극명하게 다가온다. 박해 상황 자체가 고통이며, 그 안에서 배교와 순교를 막론하고 고통은 피할 수 없기 때문이다.

이 작품에는 다양한 고통이 묘사되어 있다. 모든 생물이 함께 느끼는 '아픔痛, pain'뿐만 아니라 '괴로움苦, suffering'도 함께 제시된다. 물론 작가는 아픔보다는 괴로움에 비중을 두고 있다. 아무래도 누구나 겪는 원초적인 아픔보다는 종교적 인식과 박해 상황 속에서의 괴로움, 그리고 그 괴로움을 통해서 자신을 인식하고, 나아가 하느님의 침묵의 의미를 탐구하는 데 작가의 의도가 있기 때문이다.

스승 페레이라 신부의 배교 소식을 접하면서 일본에 잠입한 로드리고 신부는 일본으로 가는 배에서 교활하고 비굴한 인물 기치기로와 만나고 이후 피할 수 없는 악연을 반복한다. 이들 모두 기치기로의 배신으로 순교하거나 배교하게 되지만, 기치기로는 끝까지 로드리고 신부 주변에 맴돌고 있었다.

로드리고 신부가 배교하던 밤, 회유와 협박에도 굴하지 않던 그를 후미에踏み絵로 이끈 것은 옥사 너머로 들려오던 신음 소리였다. 그는 스승 페레이라 신부와 대화를 통해 그 소리가 거꾸로 매달린 신자들의 신음소리라는 것을 알게 된다. 고통에 찬 신자들의 신음소리, 로드리고 신부는 기도했지만 기도도 그 사람들의 고통을 덜어주지는 못했다.

"나 역시 마찬가지였다. 저 캄캄하고 차디찬 밤, 나 역시 지금의 그대와 마찬가지였다. 하지만 그것이 사랑의 행위인가? 신부는 그리스도를 본받아 살아야 한다. 만약 그리스도가 이곳에 계시다면…."

페레이라는 순간 침묵을 지키다가 곧 명백하고 힘차게 말했다.

"분명히 그리스도는 그들을 위해 배교했을 것이다."

여기에서 신자들의 아픔, 로드리고 신부의 괴로움은 극에 달한다. 결국 타인의 아픔, 그리고 이를 바라보는 로드리고 신부의 내면적 갈등, 세계와 자아의 완벽한 일치 속에서 로드리고 신부는 결국 성화판을 밟고 만다. 그리고 그 순간을 다음과 같이 묘사한다.

'주님, 오랫동안 저는 헤아릴 수 없을 만큼 당신의 얼굴을 생각했습니다. 특히 이 나라에 온 후로 몇십 번 그렇게 했는지 모릅니다. 도모기 산속에 숨어 있을 때, 바다를 작은 배로 건널 때, 산속을 헤맬 때, 저 옥사에서의 밤, 당신의 기도하는 얼굴을 기도드릴 때마다 생각하고, 당신이 축복하고 있는 얼굴을 고독할 때 떠올리고, 당신이 십자가를 지신 때의 얼굴을 붙잡힌 날에 되새기고, 그리고 그 얼굴은 저의 영혼 속에 깊이 새겨져, 이 세상에서 가장 아름다운 것, 가장 고귀한 것이 되어 저의 마음속에 살아 있습니다. 그것을 이제 저는 이 발로 밟으려고 합니다.'

새벽의 희미한 빛, 빛은 노출된 신부의 닭처럼 가느다란 목과 쇄골이 드러난 어깨에 비쳤다. 신부는 두 손으로 성화를 들어 올려 얼굴에 갖다 댔다. 수많은 사람들의 발에 짓밟힌 그 열굴에 자기 얼굴을 대고 싶었다. 목판 속의 그분은 수많은 사람들에게 짓밟힌 까닭에 마멸되고 오그라든 채 신부를 슬픈 눈초리로 바라보고 있었다. 그 눈에서는 진정 한 방울의 눈물이 흘러 떨어질 것만 같았다.

"아 아프다." 하고 신부는 떨었다.

"그냥 형식뿐이다. 형식 따위는 아무래도 좋은 일 아닌가, 겉으로 밟기만 하면 된다." 통역은 흥분하며 서둘러 댔다.

신부는 발을 올렸다. 발에 둔중한 아픔을 느꼈다. 그것은 형식이 아니었다. 자기는 지금 자기 생애 가운데서 가장 아름답다고 여겨온 것, 가장 성스럽다고 여겨온 것, 인간의 가장 높은 이상과 꿈으로 가득 차 있는 것을 밟은 것이었다. 이 발의 아픔, 이때 밟아도 좋다고 목판 속의 그분은 신부를 향해 말했다. 밟아도 좋다. 나는 너희들에게 밟히기 위해 이 세상에 태어나, 너희들의 아픔을 나누어 갖기 위해 십자가를 짊어졌다.

이렇게 해서 신부가 성화에다 발을 올려놓았을 때, 아침이 왔다. 닭이 먼 곳에서 울었다.

로드리고 신부가 배교하는 순간이다. 육체를 넘어 배교의 아픔이 그대로 전해지는 장면이다. 『침묵』에서는 전편에 걸쳐 특히 주인공 로드리고 신부의 내면 심리의 묘사가 뛰어나다. 이 심리묘사는 절대성 앞에 선 인간의 나약성을 여과없이 드러내 준다. 보다 진지하게 생각할 점은 이 고통을 유발하는 상황이 로드리고 신부만의 문제가 아니라는 사실이다. 사제의 눈에 비친 기치기로의 모습은 여러 번 배교한 비루한 인물로 묘사된다. 그럼에도 불구하고 끊임없이 로드리고 신부의 주변을 맴도는 기치기로의 모습과 절규를 통해 배교자에게도 배교로 인한 고통이 지속됨을 알려주며, 가장 나약한 인간의 표상으로 그를 용서하고 품는 것이 하느님의 사랑임을 깨닫게 한다.

이 시점에서 떠오르는 의문, 참혹한 고통의 순간에 하느님은 어디에 계셨는가 하는 점이다. 작품 설정이 강렬하기는 하나 이와 유사한 경험은 일상에 늘 존재한다. 느닷없이 도로로 뛰어든 차에 치었을 때, 부당한 권력의 횡포 속에 추구하던 사회적 정의가 무너지는 순간에, 또는 멀쩡하던 산이 잠깐의 폭우로 무너져 내릴 때, 가난한 환자의 죽음을 목도할 때, 순진한 어린아이의 죽음을 보았을 때 우리는 고통을 경험하며, 그 순간 하느님의 존재를 되묻기 때문이다.

고통과 하나 됨을 위하여

일상이 느낌이나 감동 없이 되풀이될 때에는 시詩를 보아도 별 감흥이 없다. 잘 읽히지 않는 것이다. 그런데 살아가기가 힘이 들 때는 이상하게도 시가 잘 읽힌다. 그래서 '시가 삶의 위안이다.'는 말에 공감한다. 사회적으로 또 개인적으로 참 어려웠던 시대, 누구도, 무엇도 내게 위로가 되지 못하던 시절, 고통을 인식하고 그 의미에 대해 깊이 있는 성찰이 담긴 시는 그 자체로 나에게는 큰 힘이 되었다.

시인들은 현실에 감추어진 모든 것을 끄집어내어 날카로운 눈으로 자기 고백을 한다. 그렇기에 모든 시는 고통의 기록이다. 그것도 가장 원초적인 언어로 고통이 제시되어 있다. 그래서 시의 특성 중에서 가장 두드러지는 것은 상황과 상황에 따른 고통을 감내해 냄으로써 그 의미를 새롭게 해석해 내는 모습이다. 시인이 느끼는 고통이 절제된 언어로 담겨 있으니 말이다. 그러고 보니 지극히 주관적이라는 점에서 고통과 시는 닮아 있다고 하겠다. 고통으로 바라본 시 몇 편!

애비는 종이었다.
밤이 깊어도 오지 않았다.

파뿌리같이 늙은 할머니와 대추 꽃이 한 주 서 있을 뿐이었다.
어매는 달을 두고 풋살구가 꼭 하나만 먹고 싶다 하였으나……
흙으로 바람벽한 호롱불 밑에 손톱이 까만 에미의 아들
갑오년이라든가 바다에 나가서는 돌아오지 않는다 하는
외할아버지의 숱 많은 머리털과 그 커다란 눈이 나는 닮았다 한다.

스물세 해 동안 나를 키운 건 팔 할이 바람이다.
세상은 가도가도 부끄럽기만 하드라.
어떤 이는 내 눈에서 죄인罪人을 읽고 가고
어떤 이는 내 입에서 천치天癡를 읽고 가나
나는 아무것도 뉘우치진 않을란다.

찬란히 티워 오는 어느 아침에도
이마 위에 얹힌 시詩의 이슬에는
몇 방울의 피가 언제나 섞여 있어
볕이거나 그늘이거나 혓바닥 늘어뜨린

병든 수캐마냥 헐떡거리며 나는 왔다.

－서정주의 「자화상」

이 시에는 삶의 고통이 고스란히 담겨 있다. 종의 자식이라는 신분적 한계, 가난하고 비루한 삶, 타자의 따가운 시선 등이 나를 키웠다는 자기 성찰이 담겨 있는 것이다. 이러한 자기 성찰은 고통을 바탕으로 한다. 그러기에 작가는 나를 키운 것은 팔 할이 바람이라고 당당하게 고백하고 있지 않은가. 그럼에도 불구하고 작가는 찬란히 틔워오는 아침, 피가 섞인 시로 자아와, 타자로서의 세계를 통합시키고 있다.

그 여름 나무 백일홍은 무사하였습니다.
한차례 폭풍에도 그 다음 폭풍에도 쓰러지지 않아
쏟아지는 우박처럼 붉은 꽃들을 매달았습니다.

그 여름 나는 폭풍의 한가운데 있었습니다.
그 여름 나의 절망은 장난처럼 붉은 꽃들을 매달았지만
여러 차례 폭풍에도 쓰러지지 않았습니다.

넘어지면 매달리고 타올라 불을 뿜는 나무 백일홍
억센 꽃들이 두어 평 좁은 마당을 피로 덮을 때
장난처럼 나의 절망은 끝났습니다.

－이성복의 「그 여름의 끝」

30대 초반 사회에 적응하느라고 참 힘들었을 때 읽었던 시다. 그날도 우연히 서점을 지나다가 문득 제목이 마음에 들어 집어들고는 그대로 빠져버린 시집. 몇 번을 읽었는지, 손때가 묻어 표지는 허름해졌고, 시에는 연필이며 볼펜으로 밑줄이 그어 있었다. 다시 보니 내 젊은 날의 고통이 그대로 담겨 있는 듯 마음이 아려온다. 그 표제작 『그 여름의 끝』에는 여름을 무사히 이겨낸 백일홍을 통해 기나긴 고통의 과정을 막 끝낸 여유로움, 원숙함 그리고 '장난처럼 나의 절망은 끝났다.'는 구절에서 인식의 전환이 느껴진다. 이 구절로 보면 아마 작가에게 고통을 주었던 상황은 바뀌지 않았을 것이다. 다만 지금까지 스스로 고통스럽다고 느껴지던 것에서 벗어나 새로운 인식에 도달하였다는 의미일 터. 그런데 그 인식이 '장난처럼' 왔다고 한다. 그런 것이 뜨거운 젊음을 다 보내 버리고 느낀 삶의 원숙함이 아닐까 생각해 본다.

이성복 『그 여름의 끝』
(문학과지성사, 1990)

상한 갈대라도 하늘 아래선
한 계절 넉넉히 흔들리거니
뿌리 깊으면야
밑둥 잘리어도 새순은 돋거니
충분히 흔들리자 상한 영혼이여

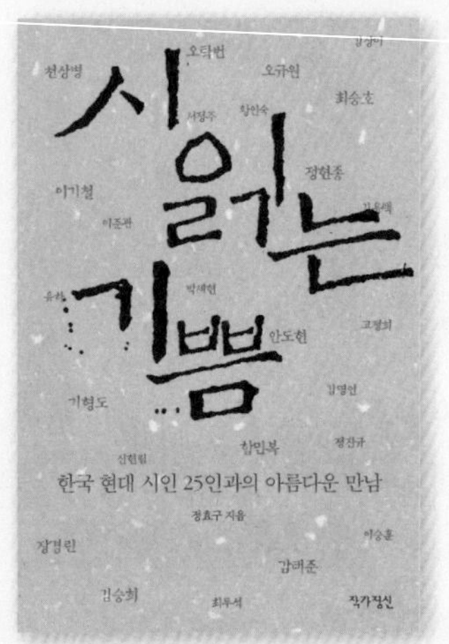

정효구 『시 읽는 기쁨: 한국 현대 시인 25인과의 아름다운 만남』 (작가정신, 2001)

충분히 흔들리며 고통에게로 가자

뿌리 없이 흔들리는 부평초 잎이라도
물 고이면 꽃은 피거니
이 세상 어디서나 개울은 흐르고
이 세상 어디서나 등불은 켜지듯
가자 고통이여 살 맞대고 가자
외롭기로 작정하면 어딘들 못 가랴
가기로 목숨걸면 지는 해가 문제랴

고통과 설움의 땅 훨훨 지나서
뿌리 깊은 벌판에 서자
두 팔로 막아도 바람은 불 듯
영원한 눈물이란 없느니라
영원한 비탄이란 없느니라
캄캄한 밤이라도 하늘 아래선
마주 잡을 손 하나 오고 있거니

– 고정희의 「상한 영혼을 위하여」

고정희의 이 시는 고통을 대하는 태도를 다루고 있다. 작가는 왜 고통스러운가를 묻지 않는다. 다만 다가오는 고통을 어떻게 대해야 하는가를 제시할 뿐. 사실 고통 속에 있는 사람에게 그걸 물어서 무엇하겠는가. 중요한 것이 지금 당장 고통스러운데. 그 대신

상한 갈대도 넉넉히 흔들리며 살고, 뿌리 없는 부평초도 한 세상 잘 살아간다고 언급함으로써 용기를 잃지 말라는 메시지를 전하고 있는 것이다. 그렇게 용기를 내면 캄캄한 밤, 마주 잡을 손이 온다고 하여 희망도 전하고 있다.

고통의 신비

가끔은 죽을 때 고통은 어느 정도일까 하는 엉뚱한 생각을 해본다. 죽음의 고통보다 거대한 죽음과 맞닥뜨리는 두려움, 버려졌다는 느낌, 혹은 운명 앞에 선 자신의 허약함 내지는 무력감이 더 고통스러운 것은 아닐까 싶다.

여기서 고통에 대해 이리저리 찾아보다가 알게 된 뜻밖의 지식 하나. 우리 몸의 모든 상황은 뇌를 통해 감지되고 조절된다고 한다. 뇌는 일종의 종합상황실인 셈이다. 그런데 인간의 근육의 운동을 조절하고 감각을 인식하고 말하고 기억하고 생각하고 감정을 일으키는 뇌는 정작 아픔을 느끼지 못한다는 것이다. 그렇기에 뇌수술을 할 때에는 마취를 하지 않아도 된다고 한다. 고통을 감지하는 기관에는 정작 고통을 느낄 수 있는 장치가 없다는 이 오묘한 진리.

아, 고통! 정말 어렵다.

2_ 초월의 디딤돌

박문수 문학박사, 한국가톨릭문화연구원 부원장

들어가며

개인사에서 가장 고통스러웠던 경험은 무엇이었을까? 지난 삶을 돌아보니 한때 힘들었던 일들도 이제는 아련한 추억으로 남아 있다. 그럼 초등학교 졸업하던 해 아버님이 간암으로 돌아가신 일, 사랑했던 여인이 떠났을 때, 아니면 대학시절 뜻으로 함께했던 친구의 이른 죽음을 보았을 때였을까? 극심한 고통이 따르는 병, 사건, 사고를 당해보지 않았던 터라 그리 기억에 남는 일은 없다.

물론 한때 별 일 없이 오래 산다는 생각이 들어 괴로웠던 적이 있다. 내가 믿는 예수님은 젊은 나이에 생을 마감하셨는데 그분을 따른다면서 천연덕스럽게 나이만 먹는 일이 서글퍼서였다. 대학

시절 절친했던 친구는 예수님보다 이 년 더 살았는데 삶이 불꽃같았다. 그 친구 때문에 실존적인 자괴감이 더해져 삼십 대 중반이 유독 힘들었다. 사십이 넘어서는 자기 인생혹은 얼굴에 책임을 져야 한다는 말 때문에 심란했다. 뭘 이뤄야 잘 사는 건 아니지만 무언가 만족스럽지 않아 마음이 편치 않았던 탓이다.

지금은 '인생지사人生之事 새옹지마塞翁之馬'의 뜻을 되새기며 심난해하거나, 기뻐하지도 않으면서 무덤덤하게 살아간다. 아직 험한 고통을 만나지 못해 그럴 터이다. 지금 같아서는 이런 불행이나 고통이 닥친다 해도 담담하게 받아들일 것 같다. 아니 그러고 싶다.

공감 능력이 떨어지는 나

사실 극심한 고통을 겪어보기 전까지 타인의 고통에 공감하기란 어려운 일이다. 나처럼 공감 능력이 떨어지는 사람은 더욱 그렇다. 나는 여러 경우에 이런 공감 능력 부족 때문에 오해를 받는 편이다.

신혼 초였다. 아내가 갑자기 원인 모를 병으로 아파 절절 매고 있었다. 그런데 나는 그 모습을 아무렇지 않게 담담히 바라볼 뿐이었다. 너무나 태연해 보였는지, 아내는 도대체 자기를 걱정이나 하는 것이냐며 힐난했다. 두 아이도 아프면 나 대신 아내를 찾는다. 엄마 같으면 밤새 자리를 지키며 돌볼 텐데 아빠는 도무지 그런 성의가 없어 보여서라는 것이다. 청소년 시절 삶이 고달파 농약을 먹고 자살한 친구의 시신을 보았을 때도, 운동하다 넘어져 무릎의 살이 너덜너덜해져 뼈가 드러났을 때도 별 느낌이 없었다.

처음에는 내가 달관해서 그런 줄 알았는데, 이웃들은 공감 능력을 심각하게 결여한 사람, 심지어 성격장애라 놀린다. 아마 그럴지 모른다. 심각한 일은 나뿐 아니라 현대인들 가운데 특히 부유한 나라에 사는 이들의 상당수가 이런 병에 걸려 있다는 사실이다. 진보한 의술, 사회보장제도, 과학기술과 풍요가 고통을 경험할 기회를 많이 앗아간 탓이다. 그래서 개인화된 사회일수록 그리고 경쟁이 치열한 사회일수록 타인의 고통에 둔감하다. 공감 능력 부족 또는 상실은 개인의 질병이자 사회적 질병인 셈이다.

물론 나는 내 머리에서 부당한 고통이라 판단되는 일이 있으면 놀라운 공감 능력을 보인다. 지지리 궁상, 박복도 그런 박복이 없는 이웃들이 타인의 불의로 고통을 받는다는 사실이 밝혀질 때 나는 그들의 고통에 공감을 넘어 분노한다. 그리고 많은 경우 그 문제 해결을 위해 나서려 한다. 실제로 이 지상에 존재하는 고통의 대부분이 나와 다수의 부도덕한 행위 때문에 일어난다. 즐거움을 더 많이 누리기 위해, 자신에게 닥쳐올 고통을 줄이기 위해 타인에게 고통을 전가하기 때문이다.

고통의 보편성

누구나 고통이 없기를 바란다. 인생의 네 가지 고통의 문제를 해결하기 위해 출가를 결심했던 부처에서부터 뒤로 자빠져도 코가 깨지는 이들에 이르기까지 누구도 고통을 달가워하지 않는다. 고통이 그만큼 견디기 힘든 일이기 때문이다. 실제로 많은 이들이 고통을 피하려 죽음을 선택할 정도로 고통에는 강한 힘이 있다. 자신의 힘으로 어찌해 볼 도리가 없을 정도로 강하기에 인간은 초자연적 힘을 통해서라도 이를 극복해보려 노력하였다.

창세기에서는 첫 인간들이 하느님과 계약을 파기해 이 세상에 고통이 찾아왔다고 한다. 생존을 위해 어쩔 수 없이 해야 하는 노동, 여자의 산고産苦가 그 결과이다. 또한 이 고통은 누구에게든 반드시 예외 없이 일어날 일이다. 그렇다면 이 '고통은 첫 인류의 잘못으로 모든 인간에게 숙명처럼 주어진 것이다'. 그리고 이 고통은 죽음과 짝을 이룬다. 이렇게 고통은 누구도 예외일 수 없다는 면에서 기쁨, 행복보다 더 보편적이고 강력한 현상이다.

인간의 숭고함

죽어라 고통을 피하지만 고통은 불현듯 예고 없이 누구한테나 찾아온다. 고통의 수동적 측면이다. 내가 선택하는 문제가 아니라는 뜻이다. 이렇게 고통이 찾아올 때 대부분은 저주하고 남을 탓한다. 그러나 어떤 이들은 고통을 스치는 바람처럼 생각한다. 새옹지마 고사의 노인처럼 현상의 이면, 고통에 새겨진 깊은 의미들을 읽어낸다. 고통을 인생의 의미를 찾는 계기로 삼고, 이를 이겨내며 고상해지는 것이다. 죽음의 수용소에서 살아남은 빅터 프랭클 박사 같은 사람이다. 다들 고통에 찌들거나 굴복하진 않는다는 뜻이다. 하지만 대부분의 인간은 고통 앞에서 무력해진다. 절망한다. 심지어 죽음으로 도피한다.

먼저, 사람들은 불행을 당하는 누군가가 그 불행을 도저히 이겨낼 수 없다고 느낄 때 그에게 연민을 느끼거나 이기심이라는 무장을 해제한다. TV 혹은 현실에서 이런 불행을 눈으로 목격하고 기꺼이 자신의 물질과 시간을 희생하는 이들이다. 그들에게 남과 자신의 고통은 이기심을 초월하게 하는 고마운 약이다. 프랑스의 철학자 엠마누엘 레비나스Emmanuel Levinas가 말했던 '타자의 시선' 아니, 타자의 시선에 숨어 계신 하느님의 계시를 볼 줄 아는 마음을 가진 이들이다.

둘째로, 주변에 있는 이웃들 가운데 고통을 이겨 성인군자처럼 된 이들도 적지 않다. 통증이 계속되는 병 앞에서 평화롭고 온화한 미소를 짓는 이들, 장애를 가진 자녀를 웃으며 키우는 이들, 억울한 옥살이를 하고 나서도 남을 탓하지 않는 이들, 죽음의 수용소에서도 성자가 될 수 있는 이들이다. 이러기가 쉬운 일이 아닌데, 이렇게 숭고한 모습을 보여주는 이들을 보면 고통에는 사람을 성숙하게 만드는 힘이 있다고 보게 된다.

셋째로, 착한 사람들은 자신의 고통을 통해 남을 이해하는 능력을 기른다. 고통을 이기고 나서, 심지어는 고통 중에 있으면서도 이웃을 위해 초인적 능력을 발휘한다. 이럴 때 고통은 인생을 풍요롭고 고상하게 만드는 능력이 된다. 물론 어떤 이는 불행을 저주하며 생을 마감할 수 있다. 고통을 남의 탓으로 돌리고 이유 없이 화풀이를 할 수도 있다. 이렇게 자기를 향하든 이웃을 향하든 고통은 또 다른 고통의 씨앗이 될 수 있다. 아마 이런 고통의 인과 원리를 꿰뚫어 보았기에 부처도, 『감옥으로 부터의 사색』햇빛출판사, 1990을 쓴 신영복 선생 같은 이들도 나왔을 터이다.

마지막으로, '인간이 인간에게 늑대homo homini lupus'라는 라틴어 격언이 말해주듯 인간이 인간에게 자행한 불의가 그리고 그 불의가 구조화된 악이 고통의 원인일 때 이러한 불의를 제도적으로 차단하고 또 제거하기 위해 나서는 이들이 있다.

사실 우리 삶에서 목격하는 고통의 일부는 인간의 불의에서 온다. 어떤 이들은 인간이 겪는 고통의 80%가 이 불의에서 온다고 말할 정도이다. 이들은 고통을 경험하면 행동에 나선다. 자신과 타인의 고통을 줄이기 위해 행동에 나서는 것이다. 그리고 이 구조적 불의를 제도적으로 차단하기 위해 연대하고 윤리적, 법적 규범을 만들기 위해 노력한다.

이렇게 사회적 원인과 개인의 불성실로 인해 빚어진 고통을 제하고 나면 남는 것은 그야말로 이유를 알 수 없는 고통이다. 실존적이고 존재론적인 고통만 남는 것이다. 사실 이런 고통은 아무리

의미를 찾아보려 해도 도저히 납득할 수 없다. 달리 설명할 방법도 없다. 한참 지나 다르게 해석해보긴 하지만 설명이 안 되기는 마찬가지다. 이처럼 고통은 인간에게 영원한 수수께끼다. 물론 드물지만 이 고통을 초월하는 이들도 있다. 그러니 초월이 불가능한 일은 아니다. 그런데 고통은 왜 찾아올까? 그리고 그 고통은 나에게 혹은 우리 인간에게 어떤 의미가 있을까?

신앙의 역할

신자들에게 신앙생활하는 이유를 물으면 대부분 마음의 평화를 얻기 위해서라고 한다. 왜 평화를 느끼지 못하느냐고 다시 물으면 대부분 고통 때문이라고 답한다. '내 뜻대로 일이 안 돼서', '가족 간에 불화가 있어서', '직장이 위태로워서', '몸이 아파서' 등 이유도 다양하다. 그래서 '신앙생활 후에 고통이 사라졌느냐'고 물으면 '그렇다.'는 이들 못지않게 '그렇지 않다.'고 답하는 이들이 적지 않다. 종교인들에겐 곤혹스러운 일이지만 본래 신앙생활에서 고통은 동전의 양면이다.

창세기에서는 첫 인간의 고통을 말하는데, 그들은 인류의 보편적 고통 외에도 큰아들이 작은아들을 죽이는 존속 살해의 고통을 맛보아야 했다. 아브라함은 여기저기를 옮겨 다니면서 고통스러운 시험의 나날들을 보내야 했다. 약속의 백성 이스라엘은 젖과 꿀이 흐르는 옥토 대신 광야를 사십 년이나 떠돌아야 했다. 예언자들은 하느님의 일을 하면서도 늘 살해 위협에 시달렸다. 예수님은 어떠한가? 예수님 자신도 극심한 정신적 육체적 고통을 경험하였다. 그 분의 고통은 대속代贖으로 해석되긴 했지만 신의 아들도 피할 수 없었던 것이 고통이다.

세 권의 책을 통해 드러나는 고통의 종교적 차원

고통은 종교의 단골 주제이다. 존재론적 고통을 해명하는 일이 종교의 장기이기 때문이다. 사실 고통에 대해 뛰어난 인내력을 보였던 이들이나, 인간의 숭고함을 보여주었던 이들의 상당수는 종교인이었다. 그들은 종교에서 훈련을 받아 고통을 다른 각도에서 보거나 가벼이 여길 수 있었다.

게다가 종교는 일찌감치 '축의 시대Axial Age'라 일컫는 기원전 8세기에서 2세기에 고통과 고통의 초월에 대해 가르쳐 왔다. 그때부터 종교는 오랜 세월 동안 고통에 대한 유일한 해석으로, 때로 고통을 해결하는 여러 방법들 가운데 하나로 받아들여지며 인간을 위로해왔다. 특히 존재론적 고통에 대하여는 탁월한 설명력을 보여주었다.

이런 종교의 공로와 특성을 감안해 세 권의 책을 추천해 보고자 한다. 제일 먼저 소개하는 빅터 프랭클의 『죽음의 수용소에서』

이시형 옮김, 청아출판사, 2005는 굳이 따지자면 종교 서적은 아니다. 한편으로는 심리학서이고, 다른 한편으로는 철학서이다. 하지만 그의 책이 담고 있는 내용은 어떤 종교적 저술들보다 종교적이다. 아전인수 격으로 보일 테지만 그의 책은 그리스도교 영성의 진수를 담고 있다 해도 과언이 아니다.

빅터 프랭클 『죽음의 수용소에서』
(이시형 옮김, 청아출판사, 2005)

프랭클의 이 책을 읽고 가장 먼저 떠오른 단어가 '학습된 무력감'이었다. 인간은 고통에 찌들고 궁극의 고통에 굴복하게 되면 쉽게 죽음의 유혹에 빠진다. 전기 자극을 받던 쥐들도 무력감에 빠지면 더 강한 자극이 와도 피하지 않게 된다. 그런데 흥미롭게도 이 쥐들 가운데 무력감에 빠지지 않고 학습을 통해 고통을 피하는 개체들이 있다.

인간도 드물게 극한적이고 절망적인 상황에서 숭고한 모습을 잃지 않는다. 프랭클의 표현처럼 인간 실험실이자 시험장이었던 강제수용소에서 수용자들이 대부분 돼지처럼 행동했을 때, 소수는 성자처럼 행동했다. 더 이상 떨어질 수 없는 존재의 나락에서도 미소, 낙관, 의미, 그리고 희망을 잃지 않는 이들이 있었던 것이다. 이 모습이 프랭클로 하여금 이 책을 쓰게 만든 이유였다. 프랭클은 그들이 공통적으로 비관적 상황에서도 희망을 잃지 않는 낙관과 극한 상황에서도 살아야 할 '의미'를 발견하는 능력을 가지고 있었다고 말한다. 물론 그 자신도 그러했다. 불과 10분 앞을 내다볼 수 없을 정도의 불확실함, 공포, 불안이 지배하는 곳에서 이런 태도를 갖기란 대단히 어려운 일이다. 그럼에도 이런 이들의 존재는 본래 인간의 모습이 그러하다는 사실을 증명해 주는 것이리라.

송봉모 『고통 그 인간적인 것』(바오로딸, 2001)

아마도 그리스도교에서 말하는 '신의 모상Imago Dei'이 이런 모습일 터. "우리와 비슷하게 우리 모습으로 사람을 만들자. …… 하느님께서는 이렇게 당신의 모습으로 사람을 창조하셨다."창세 1,26-27 따라서 인간이 신과 닮은 모습은 외모가 아니라 이런 숭고한 내면, 어떤 고통과 억압에도 굴하지 않는 '자유 정신', 그리고 최악의 상황에서도 '의미'를 찾는 태도이겠다.

두 번째 책은 한국에서 많은 독자를 거느리고 있는 송봉모 신부의 『고통 그 인간적인 것』바오로딸, 2001이다. 이 책의 쇄刷수에서 볼 수 있듯이 많은 독자들에게 읽힌 책이다.

이 책에서 송봉모 신부는 성경에서 말하는 고통의 원인과 기능을 소개하고, 후반부에서는 이 고통의 해결 방법을 제시한다. 그리고 그 예로 창세기의 두 인물 야곱과 요셉을 든다. 송봉모 신부는 이 책에서 성경에서 말하는 고통에 대하여 사전적인 지식을 제공하는데 그치지 않고 고통이 갖는 신학적이고 신앙적인 의미를 이해시키고자 한다. 그리고 그 바탕 위에서 고통을 이기는 방법과 실례를 소개한다.

대부분의 책들이 심리학적인 접근방법에 머물고 있다면 이 책에서 송봉모 신부는 성경에 바탕을 둔 신앙적인 접근방법을 제시하는 점이 돋보인다.

이 두 책이 갖는 장점은 모두 고통의 현실에 머물지 않고 스스로 해법을 찾게 해주는 것이다. 깊이가 있다. 처음에는 편하게 읽히지만 곧 다시 읽어 보게 될 정도로 질문이 단순하지 않은 것도 공통점이다. 따라서 천천히 시간을 두고 적은 양을 읽어도 질문을 던져가며 읽다 보면 고통에 대한 나름의 답을 얻을 수 있다.

강영옥 『고통. 신앙의 단초』
(우리신학연구소, 1999)

마지막 책은, 강영옥의 『고통. 신앙의 단초』우리신학연구소, 1999이다. 한국에서 출판된 신학서 가운데 가장 체계적이고 풍부한 내용을 담고 있는 책이다. 이 책에서 저자는 구약성경과 신약성경을 아우르며 고통의 다양한 사례들과 그 의미를 소개한다.

구약은 욥기 외에도 탈출기, 창조설화, 시편탄원시, 예언자 등을 폭넓게 다룬다. 신약성경은 예수의 기적, 죄의 용서, 십자가 사건을 중심으로 고통이 신앙인들에게 어떻게 해석되는지를 다룬다. 저자는 이를 통해 "유대-그리스도교가 말하는 하느님은 그 시대 사람들이 처한 고통과 악의 상황에서 해방과 연민의 언어를 발생시키면서 나타나시는 분"이라고 말한다. 이 때문에 우리는 고통을 역사와 사회 속에서 하느님의 선하심, 자비, 용서를 스스로 실천하는 힘으로 삼을 수 있게 된다는 것이다.

이 책의 특징이 가장 잘 드러나는 곳은 제3장 '고통에 대한 한국신학적 해석'이다. 한국의 전통신앙과 외래 종교이지만 토착화된 불교, 유교, 무교의 고통 이해를 다룬다. 그리고 이를 한국적 맥락에서 어떻게 해석할지를 다룬다. 2장의 연장에서 역사와 사회 안에서 그리스도의 가르침을 실천해야 할 이유를 제시한다.

이 세 권의 책은 고통에 대한 그리스도교적 의미를 이해하는 데 도움을 준다. 궁극에는 고통을 극복하는 데로 나아가도록 주문하고 있지만, 그것이 어렵다면 그 의미라도 제대로 알아듣고 위로를 받기를 바란다.

여전한 신비

이 책들을 읽어 보아도 고통에 대해 말끔하게 해명이 되진 않을 터이다. 당연하다. 남들의 고통은 그나마 이해가 되고, 분석도 할 수 있지만 나에게 닥친 고통만 커 보이는 게 인지상정이니 말이다. 남의 고통이 눈에 들어오고, 그 고통과 자기를 비교할 수 있는 때는 대개 그 고통이 지나고 나서다. 그러니 고통을 당하고 있을 때 남들이 아무리 그럴 듯한 말을 해도 위로를 받지 못한다. 그만큼 고통은 외로운 일이다. 지척에 있어도 수만리 떨어진 것처럼 느낄 수 있는 게 타인의 고통이다. 그러니 도저히 감당할 수 없는 고통이 아니라면 스스로 해결책을 찾아야 한다.

새옹지마 고사의 노인은 처음부터 달관하진 않았을 것이다. 변방에 있어 보니 좋았던 일이 나쁜 일로 돌변하고, 또 그 나쁜 일이 더 큰 불행 앞에서 사소해지는 경우를 자주 보다 보니 그렇게 객관적 거리를 둘 수 있었을 뿐. 고통도 이골이 나면 달관에 이를 수도 있는 법이라는 뜻이겠다. 그러니 고통 앞에서 하늘이 무너질 것처럼 두려워하지 말고 조용히 관조할 수 있도록 노력해야 한다.

고통이라는 단어는 알다시피 '괴로움과 통증'이 합해진 말이다. 괴로움은 심리적, 정신적인 측면이고, 통증은 육체적인 측면이다. 물론 둘은 나뉘지 않는 하나이다. 신체적 통증이 계속되면 정신적으로도 심각한 괴로움을 겪는다. 또한 심리적 스트레스처럼 심각한 정신적 괴로움은 신체적 통증을 유발한다. 심신心身이 상관하는 몸의 특성상 자연스러운 일이다.

그렇긴 하지만 현대인들 대부분이 겪는 고통은 심리적이고 정신적인 것이다. 대체로 이러한 고통은 관점을 바꾸는 것으로 해결할 수 있다. 늘 자기를 들볶던 문제를 다르게 바라보니 어느 새 심리적 고통이 사라진다는 이야기를 많이 듣는다. 그래서 성경이나 고통을 다룬 저자들이 이런 이들의 생각을 바꾸기 위해 여러 예들을 들었을 터. 천재지변 앞에서 그리고 맹수 앞에서 이런 방법들은 쓸모가 없지만 스스로 지어내 고통을 겪는 심리적인 것들에는 큰 효과가 있다. "인간이 시련을 가져다주는 상황을 변화시킬 수는 없다. 하지만 그[시련]에 대한 자신의 태도를 선택할 수는 있다." 빅터 프랭클 『죽음의 수용소에서』

3_ 지난 5월, 택시 안에서

김수정 문학박사, 국제사이버대학교 사회복지학과 교수

개인적인 원인과 문제일까?

지난 5월이었다. 마침 5월 18일이 가까워지고 있어서 '광주민주화운동'에 대한 이야기들이 여기저기 많이 나오고 있었다. 학교에 가기 위해 택시를 탔다. 언론의 왜곡 보도에 대해 기사님이 불만을 이야기 하던 도중에 갑자기 광주 이야기를 꺼내셨다.

"내가 다른 것은 몰라도, 5월 광주사태가 폭동인 것은 확실해. 폭동이야. 폭동. 북한에서 간첩들이 침투해서 폭동을 일으킨 거야."라며 열심히 주장하셨다.

아직도 이렇게 생각하는 사람이 있다는 것에 깜짝 놀랐다. 나는 놀란 마음을 진정시키며 아주 공손히 다시 물었다. "어떻게 그것을 아세요?"

“내가 그때 진압군으로 참여했었잖아. 간첩들이 아니고는 그렇게 조직적으로 대항할 수 없어. 무기도 가지고 있었고…….”

“설령 그렇다고 하더라도 간첩을 비롯한 시민들, 사람을 죽이는 것이 정당화될 수 있을까요?”

잠시 침묵하시던 기사님은 이에 대한 대답은 하지 않고 “그것들 다 간첩이야. 간첩.”이라고만 반복해서 말씀하셨다.

마침 내릴 때가 되어서 더 이상 대화는 이어지지 않았지만 그날은 하루 종일 우울했다. ‘광주민주화운동’의 피해자들이 생각나서였다. 이미 국가권력에 의해 자행된 사건으로 무고한 사람들이 피해를 입었다고 증명되어 관련된 법도 만들어져 있다. 그럼에도 불구하고 나와 대화를 나누었던 기사님처럼 여전히 이를 부인하는 사람들이 있다. 어떻게 보면 자발적이 아니라 강제적으로 참여했고 이유도 모른 채 진압군으로 활동했던 기사님도 피해자인데 왜 같은 피해자를 왜곡하는 것일까? 피해자끼리 서로 공감하지 못하고 서로를 적대적으로 생각하게 만듦으로써 책임을 져야 하는 가해자가 교묘히 사라지는 것. 이로 인해 피해자들의 고통이 올바르게 전달되지 못하고 오히려 가해자로 오인되는 상황이 반복되고 피해자들이 서로 대립하는 상황이 만들어지는 것. 나는 이것이 바로 국가권력의 무서움이라고 생각한다.

나의 입장에서 고통의 긍정적인 기능을 이야기하자면, 자신을 돌아보게 하고 그 고통을 이겨냄으로써 또 하나의 단계로 발전할 수 있게 해준다는 것이다. 그러나 이러한 고통을 이기기 위해서는 전제가 하나 있어야 한다. 그것은 이 고통의 순간을 견딜 수 있게 해주는 힘이 함께할 때만 고통을 넘어설 수 있다는 것이다. 그 힘은 바로 희망이다. 이러한 희망은 고통을 같이 공감해주고 함께하는 사람들이 있을 때 가능해진다.

그런 의미에서 본다면 국가권력에 의해 발생한 고통은 공감해주는 이들을 찾기가 매우 어렵다. 특히 정권연장을 위해 또는 유리한 정치적 입장을 차지하기 위해 사용되었던 국가통치권력은 국가를 강조하면서 어떤 대상들을 배타적으로 만들어 다수와 분리시킨다. 그렇게 분리된 대상들에게 가해지는 고통이기에 사람들은 이러한 고통에 공감하기 어렵다. 왜냐하면 첫째, 많은 사람들이 국가권력, 비록 그것이 정권유지를 위한 국가통치권력이라고 할지라도 그것은 기본적으로 국가에게 이로운 일을 하고 있으며 잘못된 일을 할 리가 없다고 생각하기 때문이다. 따라서 국가통치권력에 반대하는 것은 국가를 부정하는 행위이기에 이것에 반대하는 것은 잘못된 것으로 당연히 고통을 받아 마땅한 일로 여긴다. 이러한 생각은 국가통치권력이 곧 국가는 아님에도 불구하고 국가와 동일시하는 잘못된 인식에서부터 출발한다. 둘째, 사회에서 가장 영향력이 큰 권력이므로 이 권력에 의해 억압받는 사람들의 편에 서면 나도 억압받는 피해자가 될 것이라는 두려움 때문이다. 또 한편으로는 그렇게 고통 받는 피해자들이 있기에 나는 고통을 받지 않을 것이라는 기대도 있다. 그래서 나는 그들과 다르다고 되새기고 절대 그들의 처지에 놓이지 않을 것이라고 믿으며 타인의 고통이 보여도 조용히 외면하고자 한다.

이 사회에는 국가통치권력을 비롯하여 사회의 구조적 문제로 억압받고 고통 받는 사람들이 있다. 이들의 고통을 개인적인 원인과 문제로 보고 외면하면 언젠가 그 고통이 나에게 돌아올 수도 있다. 불행하게도…….

치유될 수 있을까?

내 본적은 제주도다. 제주도에서 언제까지 자랐냐는 질문을 많이 듣지만 사실 나는 서울 출생이다. 고향이 제주도인 부모님은 서울 출생인 자녀 다섯 명의 본적을 모두 제주도로 하셨다. 그 때문인지 모르지만 제주도는 나에게 있어서도 항상 그리운 곳, 그리고 소중한 곳이 되었다. 어렸을 때는 단순히 비행기 타고 놀러가는 시골이었던 제주도였지만, 자라면서 알게 된 제주도는 많은 아픔이 있는 서러운 곳이었다.

사실 그 아픔은 생각보다 멀리 있지 않고 바로 우리 집에도 있었다. 해마다 우리 집에서 지내는 큰아버지 제사가 있는데 이 분에 대해 물어보면 어른들은 알려주지 않으셨다. 나중에 대학교에 가서 이런저런 책들을 찾아 읽으면서 알게 되었는데, 그분은 1948년 4.3사건으로 행방불명된 사람 중 하나였다. 「제주4.3특별법」에 의한 〈제주 4.3사건 진상보고서〉에 따르면 이와 관련된 사망자만 14,000여 명진압군에 의한 희생 10,955명, 무장대에 의한 희생자 1,764명 및 기타에 달한다고 한다. 전체 희생자 가운데 여성이 21.3%, 10세 이하의 어린이가 5.8%, 61세 이상의 노인이 6.1%를 차지하고 있다고 밝히고

영화 〈지슬〉

있듯이 4.3사건은 국가통치권력에 의해 사람들이 억울하게 희생된 대표적인 사례이다. 또한 희생자에 행방불명된 사람까지 합치면 약 3만 명에 달하고 그 당시 제주도의 인구가 약 30만 명이었다고 하니 거의 제주도 전체 인구의 1/10 가까이가 이때 희생된 것이다.

영화 〈지슬〉은 그 당시 제주도의 모습을 잘 나타내주고 있다. 배경은 바람이 차가워지기 시작하는 1948년 11월. '해안선 5km 밖 모든 사람을 폭도로 여긴다.'는 소문을 들은 마을 사람들은 삼삼오오 모여 피난길에 오른다. 무슨 일이 어디서부터 어떻게 일어나고 있는지 영문도 모른 채 산 속으로 피신한 사람들은 곧 돌아갈 것이라고 생각한다. 그래서 감자를 나눠 먹으면서, 집에 두고 온 돼지가 굶주릴 걱정, 장가갈 걱정 등의 소소한 가정사를 늘어놓으며 생활하지만 결국 모두 폭도로 몰려 죽게 된다. 영화 처음에서는 자막 없이 제주도 사투리를 알아듣는 내가 무척 신기했고 마을 사람들의 모습이 정겨웠지만 결국 영화의 마지막에서는 가슴이 먹먹해졌다. 4.3사건을 우울하지 않게만 그렸다는 평을 믿고 엄마와 같이 보려했다가 시간이 맞지 않아 그러지 못했는데 그것이 정말 다행이라고 생각했다. 이 영화를 봤다면 엄마는 한동안 잠을 이루지 못하셨을 것이다.

〈제주 4.3사건 진상보고서〉는 "1948년 제주섬에서는 국제법이 요구하는 문명사회의 기본원칙이 무시되었다. 특히 법을 지켜야 할 국가 공권력이 법을 어기면서 민간인들을 살상하기도 했다. 토벌대가 재판절차 없이 비무장 민간인들을 살상한 점, 특히 어린이와 노인까지도 살해한 점은 중대한 인권유린이며 과오이다. 결론적으로 제주도는 냉전의 최대 희생지였다고 판단된다. 바로 이 점이 4.3사건의 진상규명을 50년 동안 억제해온 요인이 되기도 했다."라고 밝히고 있다.

현기영 『순이 삼촌』
(창비, 1979)

이렇듯이 군사정부 시절 내내 이 이야기는 금기시되었고, 4.3사건을 최초로 다룬 소설인 『순이 삼촌』창비, 1979을 쓴 현기영은 중앙정보부에 끌려가 고문을 당하였다고 한다. 김대중 대통령과 노무현 대통령 때 아주 조금 진상규명과 희생자의 명예회복을 위한 시도들이 이루어졌으나 최근에는 다시 4.3사건을 '공산주의자들이 일으킨 모반 폭동'이라고만 매도하는 어처구니없는 주장들이 들려오고 있다.

『순이 삼촌』은 4.3사건 때 학살의 시체더미에서 기적적으로 살아남은 사람이다. 그러나 그때 충격을 30년 동안 가슴에 안고 힘들게 살아가다가 결국 자살을 택하고 만다. 이 책처럼 그때의 상처들을 가슴에 안고 있는 제주도민들이 너무나 많다. 충격이 너무 커서인지 10여 년 전만 해도 제주도 사람들은 이 이야기를 꺼내는 것도 싫어했고 오히려 두려워하는 모습을 보이기도 했다. 우리 친척들도 예외는 아니었다.

이들의 상처와 고통은 어떻게 치유될 수 있을까? 흔히 사람들은 희생자들에게 용서하라고 이야기하며 잊으라 한다. 그러나 이렇게 큰 고통을 겪은 사람들이 어떻게 고통을 쉽게 잊고 용서할 수 있겠는가? 피해자의 고통을 덜어주기 위해서는 우선적으로 그 고통이 국가통치권력에 의해 일어났었다는 것을 인정해야 한다. 그리고 이를 통한 철저한 반성과 희생자들에 대한 사과가 먼저 이루어져야 한다.

불행하게도 국가통치권력이 스스로 자신의 잘못을 인정하는 경우는 흔한 것이 아니다. 아니 매우 어렵다고 보는 것이 맞다. 그러나 불가능한 것은 아니다. 스스로 하지 못하면 하도록 만들면 된다. 어떻게? 그 고통에 많은 사람들이 공감하고 그들이 국가통치권력에게 그렇게 하도록 요구함으로써 가능할 수 있다.

함께 비를 맞으며 걸어갈 수 있을까?

지난 2012년 11월에 있었던 '프레시안 창립 10주년 기념 the콘서트'에서 신영복 선생님을 보았다. 인터뷰 형식으로 진행되는 행사의 마지막은 선생님의 애창곡으로 마무리되었는데 그 노래는 정태춘의 '떠나가는 배'였다. 무기수로 감옥에 있던 중에 새로 들어온 수감자가 반만 알고 부른 노래가 너무 좋아서 어렵게 악보를 구해 감방 안의 수감자들과 함께 열심히 배웠다고 하셨다. 노래를 배우는 중에 가석방될 것이라는 소식도 들었으나 많은 기대는 하지 않으셨단다. 왜냐하면 오랜 수감생활 동안 출소할 것이라는 소식에 들떠있던 사람들이 실제로 출소한 경우가 적고 그로 인해 낙담하는 것을 많이 봐왔기 때문이라고……. 출소의 희망과 이미 20년을 복역했고 언제까지 지속될지 모르는 무기수의 낙담 속에서 수감자 동료들과 함께 배웠던 '떠나가는 배'. 노래를 부르시는 선생님을 보면서 나도, 동생도, 그리고 그곳에 있던 많은 사람들이 같이 울었다.

국가통치권력이 참 무섭다는 생각을 했다. 그리고 그 권력이 어떤 권한을 가지고 한 사람의 인생을 좌지우지할 수 있는 것인지 묻고 싶었다. 또한 우리 과거의 어두운 시간 속에서 권력에 희생된 많은 사람들이 생각나 가슴이 아팠다. 아직도 그러한 시대가 완전히 끝나지 않았고 그 속에서 여전히 내가 살아가고 있다는 것이 더욱 슬펐다.

집에 돌아가서 다시 신영복 선생님의 『감옥으로부터의 사색』 돌베개, 1998을 꺼내 읽었다. 이 책은 선생님이 통일혁명당 사건으로 무기수 선고를 받고 복역하는 중에 가족에게 보낸 편지글을 모은 것이다. 젊은 청춘의 나이로 감옥에 들어갔고 그것도 죽을 때까지 복역해야 하는 무기수의 신분이라면 세상을 저주하고 원망하고 사람

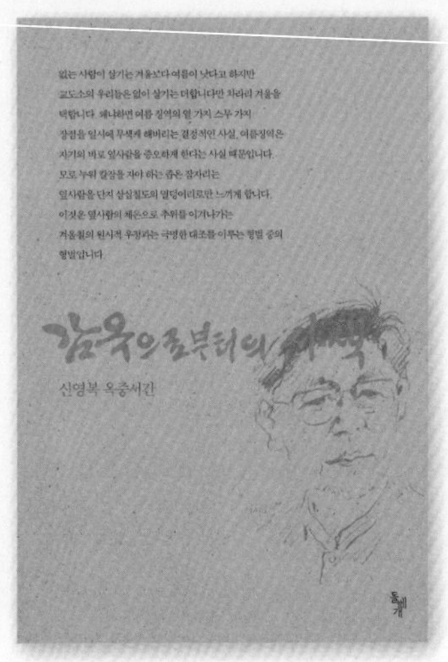

신영복 『감옥으로부터의 사색』
(돌베개, 1998)

에 대한 증오가 가득차고도 남았을 텐데……. 오히려 선생님은 인간에 대한 사랑과 사람들 간의 관계, 그리고 사회연대의 중요성에 대해 이야기하셨다.

책을 읽다 보니 며칠 전 만났던 친구의 남편이 떠올랐다. 강남에서 40평대 아파트에 살고 초등학생 자녀가 2명이 있는 친구의 남편은 대기업에 다니고 있는데, 친구는 사회에 대한 남편의 무관심을 걱정했다. 최근 남편이 아이가 읽고 있던 초등학교 권장도서인 아동소설 내용 중에 나온 비정규직 노동자의 비참한 삶을 보고 경악했다고 했다. 세상의 어두운 모습을 아이들에게 알려주기 싫다면서 아이들은 이런 어두운 현실은 차라리 몰랐으면 좋겠다고, 아이들이 계속 모르는 채로 자라서 아름다운 세상 속에서만 살 수 있도록 하고 싶다는 것이다. 그래서 부조리한 사회도 싫지만 혼란도 싫고 지금의 안정을 깨뜨리는 것이 더더욱 싫기에 현실 비판적인 것은 아예 관심을 두지도 않는다고 한다. 지금 당장 내가 고통을 받는 것이 아니기 때문에 고통 받는 사람들에 대해 알 필요가 없다는 것이다. 그리고 고통 받는 집단에 들어가지 않기 위해 더욱 강한 자의 논리에 따르고자 한단다.

일상에서 물질적 부족함 없이 사는 친구의 남편과 감옥에서 억압되었던 신영복 선생님을 생각해 보았다. 과연 누가 더 사람을 생각하는 자유로운 인간이었을까? 이 둘의 차이는 '가진 것'에서부터 시작된다는 생각이 들었다.

내가 '가진 것'에 집착하게 되면, 내가 가지고 있는 것을 놓기 싫어서 혹은 내가 가진 것을 빼앗길까 봐 현실과 사회가 부당한 것이 있어도 비판하고 변화시키려고 노력하기보다는 그냥 살그머니 눈을 감는다. 그래서 권력에 부당하게 희생당하는 사람이 내가 아니면 관심을 애써 두지 않는다. 부당한 사회에서 권력은 언제든지 이유 없이 나를 희생시킬 수 있다는 것도 자각하지 않으면서 말이다.

감옥에서 신영복 선생님은 "생존을 위한, 또는 치부致富나 허영을 위한 과도한 추구가 모든 폭력과 비리의 근거가 되고 있는지도 모릅니다."라고 말씀하셨다. 그러면서 "묻는다는 것이 파종播種임을 확신치 못하고, 나눈다는 것이 팽창임을 깨닫지 못하는, 아직도 청산되지 못한 나의 소시민적 잔재殘滓가 치통보다 더 통렬한 아픔이 되어 나를 찌릅니다."라는 반성도 하신다. 그래서 결국 "돕는다는 것은 우산을 들어주는 것이 아니라 함께 비를 맞으며 함께 걸어가는 공감과 연대의 확인이라 생각됩니다."라며 사람들이 '아픔'을 공유하면서 사회연대로 나아가야 한다고 믿으셨다.

과연 나는 비오는 날 나의 우산을 버리고 다른 사람과 함께 비를 맞으며 걸어갈 수 있을까?

구조를 변화시킬 수 있을까?

몇 년 전 주일 신부님의 강론이 생각난다. 그 날 복음은 예수님께서 '빵 다섯 개와 물고기 두 마리'로 수천 명을 먹이신 유명한 기적 이야기였다. 그 복음에 대한 신부님의 강론은 그동안 몰랐던 새로운 이야기를 나에게 알게 해주었다. 한 소년이 광주리에 담고 있던 빵 다섯 개와 물고기 두 마리. 주식이었던 그것을 광주리에 담고 다녔다는 사실로 봐 그 소년은 정착된 곳이 없는 떠돌이였고, 아마 그 빵 다섯 개와 물고기 두 마리는 소년이 가진 모든 것이었을 수도 있다고 짐작된다는 내용이었다. 그럼에도 불구하고 비록 작은 것이지만 자신의 모든 것을 내놓은 소년. 그리고 그 소년이 내놓은 전부로 모든 이들을 배불리 먹이신 기적을 낳으신 예수님. 기적은 사람들의 도움 없이는 있을 수 없다는…….

그동안 나의 삶을 돌아보니 어려운 이웃을 도울 때를 비롯하여 나의 참여를 요구하는 많은 일들에 있어서 "지금 내가 내어놓을 수 있는 돈과 시간이 너무 적은데 이렇게 적은 것이 얼마나 도움이 되겠어?" 또는 "이렇게 해서 뭐가 변하겠어. 시간과 노력만 손해야." 라며 아예 시작하지도 않거나 때로는 그 일을 하는 사람들을 비난했던 적이 많았던 것 같다. 그래서 규모가 크고 다른 모든 사람들이 봐도 도움이 될 것이라고 하는 일에, 내어놓을 수 있는 돈과 시간이 여유로울 때, 그리고 변화가 가능해 보이는 일에만 참여한 적이 많았다고 생각한다.

그러나 강론을 들은 뒤에 그동안 내가 괜한 걱정을 하면서 조심했다는 생각이 든다. 나의 삶의 주관자이신 주님께서는 아주 작은 것이라도 내가 참여하고 내어놓기만 한다면 그것을 큰 것으로 바꾸시어 사람들에게 다시 나누어주시는 분이시라는 것을 몰랐던 것이다. 주님께서 사람들에게 나누어주시지 못했던 이유는 바로 내가 주님께 바치지 못했기 때문이었는데…….

세상의 변화를 가져오는 것도 이와 같다고 생각한다. 커다란 사회 구조에 맞선 개인의 힘은 미미해서 내가 할 수 있는 일은 거의 없다는 생각이 들기도 한다. 그러나 그러한 개인이 조금씩 참여하기 시작하면 힘들이 모여지고 그 힘들을 연대하면 세상의 변화를 가져올 수 있다.

고통을 가져오는 사회적 구조가 있고 그로 인해 고통 받는 사람들이 있으며 그것이 잘못된 것이라고 느낄 때, 그리고 그것이 나만이 아니라 다른 이들도 느끼고 있다는 공감이 형성되면 그것은 거기서 멈추지 않는다. 진정으로 서로 공감한다면 그것은 그 잘못된 것을 변화시키기 위한 저항으로 나아갈 수밖에 없다. 왜냐하면 그래야 우리를 억압하고 있는 구조적 문제로부터 서로 자유로워질 수 있기 때문이다. 그리고 우리는 서로의 저항을 격려하고 연대하는 활동에 참여하면서 변화를 위해 노력한다. 이 변화를 위한 노력이 쉽지만은 않고 항상 원하는 결과를 당장 가져오지는 않을지도 모른다. 그렇다고 하더라도 노력의 과정 속에서 나와 너는, 그리고 사회는 변화를 향해 움직이게 된다. 그리고 그 참여는 내가 하고 있는 일에서부터 시작하면 된다. 바로 김남주 시인처럼…….

김남주 『편지: 김남주의 연서戀書』
(이룸, 1999)

김남주는 1946년 전남 해남에서 태어나 1970년대 반독재 민주화 투쟁에 앞장을 서면서 1974년 시인으로 문단에 등단하였다. 그 후 1979년 남민전 사건으로 15년 형을 선고받고 복역하다 1988년 가석방되었으며, 1994년 사망하였다. 그가 살았던 시대를 보면 실제로 그가 자유롭게 시작활동을 할 수 있었던 시기는 그리 길지 않음을 알 수 있다. 그럼에도 불구하고 그는 험난했던 현실 속에서 자신이 잘 할 수 있는 방법으로 불합리한 구조에 대해 저항하고 이를 바꾸기 위한 참여를 하였다. 즉, "현실이 막혀 있으면 막혀 있을수록, 눌러 있으면 있을수록 더욱더 문학은 필요한 것 같아요. 다만 문학이 현실을 바르게 반영할 때에 한해서입니다만"이라며 문학의 중요성을 이야기하고 시를 썼다.

『편지: 김남주의 연서戀書』 이룸, 1999(절판)는 김남주가 9년 2개월 18일 동안 감옥에 갇혀 있으면서 쓴 편지들을 묶은 책이다. 글을 통해 세상을 살아가는 사람에게 달포에 겨우 한 번 허락되었던 편지는 견딜 수 없는 고통이자 미래를 위한 희망이었을 것이다. 그래서인지 편지 속에서 그는 사랑하는 연인에 대한 사랑의 열정을 드러내고 있으면서 동시에 자신의 성찰을 통해 세상의 변화를 위한 시인의 역할에 대해서도 이야기하고 있다.

참된 민족문학, 민중문학이 나올 수 있는 기반은 시인이 현실을 변혁하려는 사람의 대열에 형제로서 어깨를 같이하고 생과 사를 같이 할 때입니다. 시인은 그들과 함께 행동할 뿐 아니라 그들의 행동을 독려하는 나팔소리가 되어야 하고 북소리, 징소리가 되어야 합니다. 다시 말해서 원군의 역할을 해야 하는 것입니다.

이밖에 세상의 불합리한 구조를 바꾸고 억압받는 사람들을 위해 참여하고 연대할 수 있는 일은 또 무엇이 있을까? 가장 손쉬운 방법은 이들을 돕는 단체들에게 지원을 하는 것이다. 일단 가톨릭 관련 단체들로부터 시작하자. 예를 들면 후원을 통해 '노동사목위원회www.nodongsamok.co.kr'에서 노력하는 이주노동자들의 권익향상에 참여할 수 있고, '사회교정사목위원회www.catholic-correction.co.kr'의 범죄피해자를 위한 사업과 재소자 재발방지 사업을 도와줄 수 있고, '막달레나의 집magdalena.or.kr'의 성매매여성들의 자활을 위해 협력할 수 있고, '한국 가톨릭 레드 리본www.redribbon.kr'의 HIV 감염인/ 에이즈 환자들이 질병과 사회적 편견에서 벗어나 인간다운 삶을 영위할 수 있도록 돕는 사업에 함께할 수 있다. 더 나아가 시민사회단체의 회원으로 가입하여 재정적 후원은 물론 여러 가지 단체 활동에 직접 참가해 보고, 제도 개혁을 위한 서명지에 서명을 하는 방법들을 통해서도 참여할 수 있다.

사랑만이
겨울을 이기고

봄을 기다릴 줄 안다

사랑만이
불모의 땅을 갈아엎고
제 뼈를 갈아 재로 뿌리고
천 년을 두고 오늘
봄의 언덕에
한 그루의 나무를 심을 줄 안다

그리고 가실을 끝낸 들에서
사랑만이
인간의 사랑만이
사과 하나 둘로 쪼개
나눠 가질 줄 안다

– 김남주의 「서시」

4_ 그저 견뎌낼 수밖에

오지섭 문학박사, 서강대학교 종교학과 대우교수

‘고통’이란 말은 여러 의미를 포함한다. 몸이 감각적으로 느끼는 고통, 정신적 혹은 심리적으로 경험하는 고통, 모든 육체적 정신적 고통의 근본 원인이 되는 실존적 고통…….

인간에게 가장 큰 고통은 무엇일까? 어떤 자료에서는 몸이 불에 탈 때의 고통이 가장 견디기 힘든 고통이라고 한다. 어떤 사람은 외로움, 소외, 단절 등이 인간에게 가장 고통스러운 상황이라고 한다. 이 모든 고통을 포괄하는 근원적 고통으로 죽음을 말하는 사람도 있다.

어쨌든 인간은 현세 삶을 살아가면서 이런저런 많은 고통을 겪는다. 그만큼 고통에 관해 많은 생각을 한다. 고통에 관한 인간의 관심은 고통을 어떻게 견뎌낼 것인가의 문제에 집중되곤 한다. 아예 고통이 없는 삶을 모색해보지만 현실적으로 결코 쉽지 않다.

고통의 전모를 확연히 알고 싶지만 알려 하면 할수록 더욱더 그 정체가 모호해진다. 결국 고통에 관한 의미 있는 성찰은 나에게 고통이 닥쳤을 때 어떻게 그것을 잘 견뎌낼 수 있을지에 초점을 맞추게 된다.

고통 견뎌내기 하나 – 납득할 수 없는 고통 견뎌내기

현세의 삶을 살아가며 경험하는 여러 가지 고통의 상황 중에서 원인이 분명하고 어느 정도 나 자신이 납득할 수 있는 것이라면 차라리 견뎌낼 만하다. 사실 나 자신이 쉽게 인정하고 받아들일 수 있는 고통이 그리 많지는 않지만……. 어쨌든 내가 지금 왜 이런 고통을 당해야 하는지 알 수조차 없는 상황에서 닥쳐오는 고통은 더 막막하고 견디기 힘들다. 이런 답답한 고통이 주어졌을 때 도대체 어떻게 견뎌내야 하는가?

'마땅한 진리초월적 진리' 안에서의 당당함

우리가 TV 사극을 통해서도 잘 알고 있는 조선 중종 때의 유학자 조광조. 조광조에 대한 평가는 현재 역사학계에서 다소 논란이 있기도 하지만, 흔히 조광조라는 이름 앞에는 '비운의 정치가'라는 수식이 붙곤 한다. 조광조를 언급하면서 미완의 개혁을 운운하기도 한다.

어쨌든 조광조는 젊은 나이에 큰 뜻을 품고 현실 정치 한 가운데로 뛰어들었지만 그 뜻을 다 펴보지도 못하고 비참한 귀양살이 끝에 생을 마감했다. 그것도 명백한 비리나 과오를 저질러 마땅한 처벌을 받은 것이 아니라, 반대 정치 세력에 의해 억울하게 누명을 쓰고 내몰림을 당했다.

최인호『유림1: 왕도(王道), 하늘에 이르는 길: 조광조 하늘 아래 지극한 도(道)를 구하다』(열림원, 2005)

그때 조광조가 경험했던 고통이 얼마나 컸을까. 하루아침에 역적이 되어 겪은 모욕과 고초, 처참한 귀양지에서의 생활 등은 그 자체만으로도 충분히 고통스러운 경험이다. 무엇보다 자신이 당하고 있는 고통이 도저히 납득할 수 없는 것이기 때문에 느끼는 고통이 더 컸을 것이다.

조광조로 하여금 그 고통을 견뎌낼 수 있게 해준 것은 무엇이었을까? 자신에게 고통을 준 적들을 향한 분노와 복수의 원한? 이렇게 되어 버린 것 이제 끝장이니 될 대로 되라는 자포자기? 조광조의 속내를 정확히 알 수는 없지만 그가 누구보다 유교의 근본 진리 실현에 모든 가치를 두었던 도학자道學者였다는 점을 감안할 때, 그가 시종일관 믿고 따랐던 '초월적 진리'야말로 그를 고통으로부터 견디게 해준 바탕이 아니었을까?

'초월적 진리'는 현세의 질서나 가치가 어떻게 흘러가더라도 결코 변하지 않고 흔들리지 않는 '마땅히 그러한 진리'이다. 조광조에게는 초월적 진리에 대한 확고한 '신앙'이 있었다. 그의 선택과 행동은 모두 초월적 진리에 따르는 신앙적인 실천이었다. 비록 현세의 상황이 그가 계획하고 기대했던 것과 다르게 흘러간다 해도 인간 조광조로서는 어찌할 수 없는 일이다. 인간으로서, 특히 신앙인으로서 할 수 있는 일은 그저 초월적 진리에 대한 신앙을 변함없이 지킬 뿐이다. 지금의 모든 상황이 인간으로서는 온전히 파악할 수 없는 초월적 진리의 흐름에 의해 주어지는 것이라는 신앙으로 모든 것을 내맡기는 것이다.

현세의 삶이 시도 때도 없이 던져주는 극심한 고통, 납득할 수도 없는 답답한 고통을 끝내 견뎌내는 힘은 현재 나의 삶과 나 자신에 대한 당당함이다. 그리고 나의 당당함은 초월적 진리에 대한 온전한 신앙에 근거한다. 초월적 진리의 마땅함을 확신하기에 그에 따른 나의 선택과 행동은 현세의 상황이 어찌되든 늘 당당할 수 있다. 이런 당당함을 간직했을 때 현세적 기준에서는 납득할 수 없는 고통을 견뎌낼 수 있을 것이다.

안빈낙도安貧樂道, 현세 삶의 시련고통에도 편안함

조광조가 견디기 힘든 현세 삶의 고통에 대처하는 방식, 즉 마땅한 진리 안에서 당당함을 잃지 않는 마음은 그대로 '선비'의 정신에 해당한다. 조광조는 조선시대 유교 전체에서 선비의 대표적인 표상으로 평가받는다. 조광조에게서 확인할 수 있었던 고통 견뎌내기는 사실 그가 내내 간직했던 선비다움에 근거한 것이다.

정옥자 『우리가 정말 알아야 할 우리 선비』(현암사, 2002)

선비라고 하면 떠오르는 이미지. 올곧은 몸가짐, 근엄한 표정, 꼬장꼬장한 말투, 현실과 타협하지 않는 고집스러움, 가정형편이 어려워 부인은 뒷산에 나물 캐러 다니는데 그저 방안에서 책만 읽고 있는 모습, 권위적이고 보수적인 귀족 지배 계급. TV 드라마에서 간혹 그려지는 장면 탓인지, 흔히 선비를 이런 인물로 이해하는 경향이 있다. 물론 선비가 이런 모습과 전혀 무관하지는 않겠지만, 진정한 선비의 정신은 여기에 있지 않다.

선비는 본래 깊이 있는 신념을 지니고 궁극적인 가치마땅한 진리를 추구하는 인간상人間像을 뜻한다. 『논어論語』에서 "선비는 넓고 꿋꿋하지 않을 수 없다. 임무가 무겁고 갈 길이 머니 인仁을 자기의 임무로 삼는다."고 하였고, "선비는 위급함을 보면 목숨을 내걸고, 이득을 보면 의로운가를 생각한다."고 했다. 또한 『맹자孟子』에서는 "선비는 곤궁해져도 의義를 잃지 않고, 세속적인 성공을 해서도 도道를 떠나지 않는다."고 했다.

현세적이고 물질적인 조건보다는 궁극적이고 마땅한 진리를 자기 삶의 가치 기준으로 삼는 이상적인 인간상이 선비이다. 비록 현실적으로 불우한 상황에 처하고 물질적으로 힘든 조건이 주어진다 해도 그같이 곤궁한 삶을 고통스러운 삶으로 생각하지 않는다. 궁극적 가치로서의 도를 따르기 위해 감당해야 하는 마땅한 고통이라 생각한다. 마땅한 진리를 지키고 따른다는 당당함 안에서 현세 고통을 편안하게 견뎌낸다. 이른바 '안빈낙도安貧樂道'의 삶이다.

물론 선비다운 삶을 사는 것이 말처럼 그리 녹록한 일은 아니다. 현대인에게 선비다운 삶을 요구하는 것은 그 타당성을 떠나 자칫 공허한 이상주의로 간주되기 쉽다. 하지만 현대 사회의 혼란과 모순 상황이 해도 너무 한다는 생각이 들 지경이면 다시금 선비의 이상이 절실해진다. 현세적 힘의 논리와 물질중심의 가치관이 만연한 상황에 짜증이 날 때면 어떤 불이익한 상황이나 고난에도 불구하고 마땅한 도리를 지키는 사람이 절실해진다.

비록 온전히 선비다운 삶을 살지는 못하더라도 선비라는 이상은 현세 삶의 상황이 더는 타락하지 않도록 올바른 방향성을 제시해주는 의미를 지닌다. 길에서 벗어나 한참을 헤매다가도 다시 올바른 방향을 잡을 수 있도록 저 멀리에서 변함없이 반짝이는 등대와 같다. 끝내 등대에 도착하지 못한들 어떠랴. 그렇게 마땅히 가야할 곳을 향해 다가가려 부단히 노력하는 삶 그 자체로 의미 있는 것이 아닐까. 이렇게 등대를 향하는 길을 걷고 있다는 확신 안에서 현세의 고통을 감내할 수 있었던 사람이 조광조를 비롯한 선비였다.

고통 견뎌내기 둘 – 근본 원인을 깨달아 고통 견뎌내기

고통을 견뎌내기 위한 또 하나의 방법은 고통의 근본 원인을 파악하는 것이다. 도대체 고통은 어디에서 오는 것인지, 어떻게 생겨나 인간을 괴롭히는지 고통의 메커니즘을 파악한다면 고통으로부터 자유로울 수 있을 것이다. 물론 현실 삶에서 경험하는 고통의 원인이 그렇게 간단하지는 않다. 여러 측면이 복잡하게 얽혀 있어 어느 하나만을 원인으로 지목하기 쉽지 않다. 그래도 고통의 여러 원인 분석 중에서 인간의 내면적인 차원에 주목하는 시도는 각별한 의미를 지닌다.

인간의 고통을 초래하는 데에는 사회 구조적인 모순을 비롯한 외적 차원의 원인도 작용한다. 한층 복잡하고 각박해진 현대 사회 구조에서는 사회 공동체 차원에서 개인의 고통 문제에 접근하는 배려가 특히 절실해지고 있다. 그럼에도 불구하고 고통은 결국 나 자신의 문제일 수밖에 없다. 다른 사람이 나의 고통을 온전히 해결해주지는 못한다. 나의 고통은 끝내 내가 감당해야 한다.

고통을 끝내 내가 감당해야 한다는 말은 고통을 단순히 개인적인 차원의 문제로 환원시키려는 의도는 아니다. 분명 객관적 외부 원인에 의해 주어진 고통일지라도 나 자신이 그것을 어떻게 받아들이고 대처하느냐에 따라 고통을 견뎌내는 결과에 변화를 이룰 수 있음을 뜻한다. 아울러 현실 삶에서 경험하는 고통의 꽤 많은 부분이 내가 객관적 외부 상황을 어떻게 인식하느냐에 영향 받는다는 뜻도 포함한다. 이런 맥락에서 고통의 근본 원인을 나 자신의 내면적인 차원에서부터 성찰하는 시도는 문제의 본질상 적합하다.

고통의 원인을 나 자신 안에서 찾도록 이끌어주는 대표적인 가르침이 불교이다.

석가모니의 깨달음, 고통의 뿌리를 캐내다

불교의 가르침은 석가모니의 깨달음에 근거한다. 불교 전통이 역사적 전개 과정을 거치면서 각 시대와 지역에 따라 여러 다른 모습으로 재해석되었지만, 석가모니의 깨달음에서 비롯한 핵심은 변하지 않고 이어졌다. 그 핵심은 바로 '고통으로부터 자유로움'이다. 이때의 고통은 관념적이거나 추상적 의미가 아니다. 인간이라면 누구나 일상의 매 순간 경험할 수밖에 없는 지극히 현실적이고 구체적인 고통이다.

어느 누구보다 석가모니 자신이 이러한 현세적 고통 때문에 혼란스러웠다. 비록 작고 힘없는 나라였지만 나름 왕자의 신분을 버리고 출가수행자의 삶을 선택할 수밖에 없었던 것도 현실적 고통의 절박함 때문이었다. 석가모니의 출가와 수행은 스스로 고통의 문제를 극복하기 위한 간절한 노력이었다. 그리고 석가모니가 이룬 깨달음은 고통으로부터 완전히 자유로울 수 있도록 근본 원인을 해소한 것이라는 점에서 의의를 지닌다.

석가모니의 깨달음이 정확히 어떤 의미를 지니는지 이해하기 위해서는 석가모니의 출가 후 수행과정에 주목할 필요가 있다. 석가모니는 출가 초기에 당시 다른 출가수행자들이 했던 것과 마찬가지 방법의 수행을 했다. 고행과 선정禪定의 방법이다. 하지만 석가모니는 이 두 방법으로는 결코 궁극적인 깨달음을 이룰 수 없음을 확인했다.

대한불교조계종 교육원 부처님의 생애
편찬위원회 『부처님의 생애』
(조계종출판사, 2010)

먼저 고행은 쉽게 표현하자면 인위적으로 몸에 혹독한 조건을 부여하여 고통으로 이어질 수 있는 근원적 욕망을 억제하는 것이다. 석가모니는 당시 어느 출가수행자보다 더 혹독한 고행을 실천했다. 그러나 고행의 방법으로 도달한 상태는 결코 완전한 깨달음일 수 없었다. 그 이유는 다음과 같은 비유로 설명할 수 있다. 땅속 어느 곳의 수도관이 터져 땅 위로 물이 솟구쳐 나오고 있는 상황을 생각해보자. 근원적인 해결책은 땅을 파헤쳐 수도관의 구멍 난 부분을 찾아 봉합하는 것이다. 고행은 이런 상황에서 땅 위로 솟구치고 있는 물줄기를 그저 온몸으로 틀어막고 있는 것과 같다. 온몸으로 틀어막고 있으니 당장에는 물이 터져 나오지 않는다. 하지만 이런 상태가 결코 완전한 문제의 해결일 수는 없다. 물을 틀어막기 위한 노력도 너무 처절하게 힘들다. 조금이라도 긴장을 풀고 힘이 빠지면 언제든 물은 다시 솟구쳐 나올 수밖에 없다. 이처럼 고행은 욕망과 고통의 문제를 어느 정도 억제하는 효과는 있지만 단지 잠정적인 대처일 뿐 근원적 문제 해결일 수는 없다.

선정의 방법 역시 석가모니에게 고통의 문제를 근원적으로 해결하는 완전한 깨달음을 이루어주지 못했다. 선정의 방법은 고도의 정신적 통제 훈련을 통해 내면 깊은 차원에서의 고요함을 갖추는 것이다. 고대 인도의 인간 이해에 따르면 인간은 본래 내면에 고요함과 평정平靜을 지니고 있다. 이 평정이 깨지고 마음에 동요가 생겨 욕망과 고통으로 이어지는 것은 외부 대상에 반응하면서부터이다. 외부 대상에서 비롯한 자극이 인간의 감각기관을 통해 내면으로 전달되면서 일파만파 갈등과 번뇌의 격랑이 생겨난다. 선정의 방법은 이러한 외부 대상의 자극을 인위적으로 차단하여 내면의 고요함을 유지하는 훈련이다. 외부 대상이 다가오는 것을 어찌할 수는 없으니 그로부터 전해지는 자극에 나의 내면이 동요하지 않도록 차단하는 것이다. 단순하게 표현해 감각기관으로부터 나의 내면으로 이어지는 회로를 끊어버리는 것이다. 이렇게 해서 얻은 내면의 고요함, 더 이상 외부 대상에 의해 동요하지 않고 고통 받지 않는 평정의 상태가 석가모니도 원한 깨달음의 상태고통으로부터 자유로움일 수 있다. 하지만 선정의 방법만으로는 완전할 수 없었다. 외부 대상 세계로부터 나 자신을 차단시킨 상태에서 유지하고 있는 내면의 평정이기 때문이다. 눈, 코, 귀, 느낌 심지어 의식마저도 다 닫아버린실제로 살아 있는 건지 죽은 건지 모호한 상태에서 그저 나 홀로 누리고 있는 내면의 고요함이기 때문이다.

결국 석가모니는 선정의 방법을 통해 얻은 경험에 '지혜'를 결합시켜 완전한 깨달음을 이루었다. 이때의 지혜는 인간과 세상의 참 모습을 환히 볼 수 있는 지혜를 뜻한다. 인간과 세상이 어떻게 생겨나고 어떻게 움직이는지를 환하게 보게 되면서 더 이상 이 세상에 얽매이지 않는 참 자유를 얻었다. 다음과 같은 비유로 쉽게 설명해보자. 우리가 사는 세상을 방 안이라고 가정할 때 고통의 상황은 방안의 불이 꺼져 아무것도 보이지 않는 상태라고 할 수 있다. 아무것도 보이지 않으니 이리저리 움직일 때마다 온갖 대상들에 걸려 넘어지기도 하고 다른 사람과 부딪히기도 한다. 그때마다 상처받고 고통스럽다. 석가모니의 깨달음은 이러한 상태에서 불을 켜서혹은 내 눈을 가리고 있던 안대를 벗어 버리고 눈을 환히 떠서 방 안의 모습을 있는 그대로 보게 되는 것이다. 이제 방 안이 어떻게 생겼는지 여러 대상들이 어디에 위치하고 어떻게 움직이고 있는지 볼 수 있으니 더 이상 세상과 부딪히지 않아도 된다. 고통을 처절하게 억제하지 않아도, 세상과 단절하지 않아도, 현세 삶 안에서 그대로 살아가면서 더 이상 걸려 넘어지거나 고통 받지 않는 참 자유의 상태이다.

결국 석가모니의 깨달음, 현실적 고통 극복은 인간과 세상의 참 모습을 환히 볼 수 있는 지혜의 방법으로 이루어졌다. 그리고 이것은 가장 근원적 차원에서의 고통 극복이다. 인간이 경험하는 현세 삶의 모든 고통은 결국 '내게 주어진 고통, 내가 느끼는 고통'이다. 그렇다면 고통의 근원적 해결은 '내 안에서' 이루어질 수밖에 없다. 석가모니는 이것을 인간과 세상을 대하는 나의 마음에 착안했다. 내가 '나 중심'으로 세상과 사람들에 거스르는 삶을 살 때 세상은 온통 고통일 뿐이다. 내가 인간과 세상의 참 모습을 깨달아 그 안에서 더불어 흘러가는 삶을 살 때 세상의 고통으로부터 완전히 자유로울 수 있다. 외부 조건이 아니라 내 안에서 근본 원인을 찾는 것, 세상이 아니라 내가 변하는 것이 석가모니가 찾아낸 근원적 고통 극복의 방법이다.

고통에 관한 석가모니의 가르침을 보다 구체적으로 확인할 수 있는 대표적 경전이 『금강경金剛經』이다.

"어느 것에도 사로잡히지 말고무상無相, 어느 곳에도 머무르지 말라무주無住"
—『금강경』에서 읽는 고통의 근본 원인

『금강경』은 불교의 반야般若 계통 경전 중 가장 중심 부분에 해당한다. 반야 계통 경전은 공空 또는 무아無我에 관한 가르침을 핵심 주제로 담고 있다. 『금강경』의 본래 이름은 '금강반야바라밀경金剛般若波羅密經'이다. '금강'은 금강석, '반야'는 지혜, '바라밀'은 피안彼岸에 도달 혹은 목표 이룸을 뜻한다. 풀이하자면 "가장 단단하고 완벽한 지혜로 모든 번뇌를 끊고 피안에 이르도록 이끌어주는 가르침"이라 이해할 수 있다.

『금강경』의 이야기는 석가모니의 수제자 수보리須菩提가 깊은 깨달음을 위한 가르침을 청하면서 시작된다. "세존이시여! 선남자善男子 선여인善女人이 최상의 바르고 평등한 깨달음무상정등정각無上正等正覺 아뇩다라삼먁삼보리을 얻으려는 마음을 내면서 마땅히 어떻게 머물며 어떻게 그 마음을 다스려야 합니까?" 수보리가 깨달음을 위해 석가모니에게 청한 첫 번째 질문은 "어떻게 마음을 다스려야 합니까?"이다. 여기에서 불교의 핵심이 무엇인지 파악할 수 있다. 불교는 결국 '마음공부'이다. 모든 현세의 고통이 다름 아닌 내 마음에서 비롯된다. 마음을 다스리는 것이 고통을 견뎌내는 가장 근원적 대처라는 것이 불교 가르침의 핵심이다.

그런데 중요한 것은 불교에서의 마음 다스림이 단지 감정을 조절하거나 감각을 통제하는 것을 뜻하지 않는다는 사실이다. 불교에서는 마음 다스림을 가장 근원적인 차원에서 시도한다. 바로 세상과 인간의 참 모습을 환히 볼 수 있는 지혜를 깨달음으로써 얻을 수 있는 마음 다스림이다. 세상이 무엇으로 이루어져 돌아가는지, 내 마음이 어떻게 움직여 온갖 갈등과 고통으로 이어지는지 그 전모를 깨닫는 것이 진정 내 마음을 다스리는 일이다. 고통의 실체, 고통의 근본 원인을 파악할 때 모든 고통으로부터 자유로울 수 있다.

대한불교조계종 교육원 불학연구소
『금강반야바라밀경』
(조계종출판사, 2009)

그렇다면 『금강경』에서는 모든 고통의 근본 원인이 되는 마음의 움직임을 무엇이라 설명하는가? 다음 구절의 풀이 가운데 그 답을 찾을 수 있다.

모든 보살마하살은 이와 같이 그 마음을 다스려야 한다. 존재하는 모든 중생의 종류, 즉 알로 나는 것, 태로 나는 것 …… 생각이 있는 것도 아니고 생각이 없는 것도 아닌 것을 내가 다 완전한 열반에 들게 제도濟度하리라. 이와 같이 한량이 없고 수가 없고 가없는 중생을 제도

하되 실로 제도를 받은 자가 하나도 없다. 왜냐하면 수보리여! 만일 보살이 '나'라는 상아상我相, '너'라는 상인상人相, '모든 사람'이라는 상중생상衆生相, '생명 있는 존재'라는 상수자상壽者相이 있다면 그는 보살이 아니기 때문이다.『금강경』제삼第三 대승정종분大乘正宗分

이 구절의 전체 의미를 설명하기 위해서는 처음부터 한 단어 한 문장 다루어야 할 내용이 많다. 여기에서 그렇게까지는 할 수 없고, 고통의 근본 원인 파악과 관련한 내용만 언급해보려 한다.

주목할 내용은 "모든 중생의 종류를 완전한 열반에 들게 제도하지만, 실제 제도를 받은 자가 하나도 없게 해야 한다."는 것이다. 이것이 무슨 말인가? 내가 다른 중생들을 도와주는 일, 그것도 완전한 깨달음으로 이끌어주는 일은 실로 엄청난 일이다. 그런 일을 하는 것만으로도 어찌해야 할지 감당이 안 되는데, 실제로 도움을 받은 중생이 하나도 없게 해야 한다니 도무지 이해가 되지 않는다. 여기서 석가모니가 강조하는 것은 모든 일을 일체의 상相 없이 해야 한다는 점이다. 이른바 '무주상보시無住相布施'이다.

상相이란 내 마음 혹은 내 생각이 만들어 낸 모든 것으로 이해할 수 있다. 관념, 개념, 느낌, 가치관, 신념, 편견, 기대, 바람, 집착 등 모든 것이 상에 해당한다. 상이 문제인 것은 실재하지 않는데 나의 생각에 의해 실재하는 것으로 착각하기 때문이다. 불교에서 흔히 드는 비유인데, "뱀은 징그럽다."는 생각이 대표적인 예이다. 우리는 이 생각을 당연하게 지니고 있지만 사실 뱀 자체에 '징그럽다'는 본성이 존재하는 것은 아니다. 우리의 생각이 만들어 낸 상을 뱀에 덧씌운 셈이다. 이런 식의 여러 상에 사로잡히고 갇혀서 현세 삶의 모든 갈등과 고통이 생겨난다.

이런 여러 상들 중에서 가장 근원이 되는 출발점이 '나'라는 상아상我相이다. 나 중심성이다. 나를 중심으로 삼으면서부터 내가 아닌 너 그리고 그들을 구분한다. 세상의 모든 존재와 가치들을 나 중심적으로 판단하고 편가름한다. 세상과 사람들에 대해 이런저런 상을 만들어 덧씌운다. 모든 것을 있는 그대로 대하지 못하고 나 중심적으로 분별하고 집착한다. 이런 분별 과정이 그대로 갈등과 고통의 과정이다. 결국 세상 모든 고통의 근원은 내 마음이 만들어 낸 나 중심의 상이다.

'무주상보시'는 그 어떤 상에도 머묾이 없이 보시를 행하라는 뜻이다. 여기에서의 보시는 중생을 위한 구제 행위를 말하지만, 넓게 이해하면 우리가 살아가면서 행하는 모든 생각과 행동 일체로 풀이할 수 있다. 생각해 보면 우리는 현세 삶을 살아가면서 나 중심으로 생각하고 나의 기대와 바람에 의해 행동한다. 세상의 모든 고통은 내 생각과 다르고, 내 기대에 어긋나고, 내 뜻대로 되지 않고, 내 기준에 들지 않기 때문에 생겨난다. 세상의 실제 있는 그대로의 모습과는 다르게 일방적으로 나의 기준을 덧씌워 놓고서는 결과가 내 뜻과 다르다 하여 갈등하고 괴로워하고 분노한다. 결국 모든 상을 벗어버릴 때, 나 중심적인 분별과 집착을 내려놓을 때, 진정 고통으로부터 자유로울 수 있다는 것이 『금강경』의 가르침이다.

'무주상보시'가 결코 쉽거나 누구에게나 해당하는 방법일 수는 없다. 하지만 우리가 경험하는 현세 삶의 수많은 갈등과 고통 그

가장 깊은 곳에는 분명 나 중심성의 문제가 똬리를 틀고 있다는 사실을 일깨워 주는 가르침이다. 아울러 고통을 견뎌내기 위한 노력의 하나로서 고통의 근본 원인을 내 안에서 찾아 해소하려는 노력으로서 각별한 의미를 지닌다.

그저 주어지는 것 그러니 어떻게든 견뎌낼밖에

글을 마무리하면서 인간은 왜 그토록 고통에 관해 많은 생각을 할까 되짚어 본다. 당연히 너무 고통스럽고 힘들기 때문일 것이다. 하지만 저변에는 지금 나에게 주어진 고통을 인정하지 못하고 받아들이기 싫은 마음이 깔려 있기 때문은 아닐까? 어찌 보면 고통에 관한 많은 생각은 '왜 인간에게 이런 고통이 주어지는지 납득이 안 되니' 한번 따져보자는 마음일 수 있다. 이해할 수 없고 받아들이기 싫으니 계속 붙들고 늘어지면서 해명을 요구하는 셈이다.

하지만 아무리 고통에 대해 집요하게 따져 보아도 결과는 늘 탐탁지 않다. 나중에는 고통에 관한 많은 생각 자체가 더 고통스러워질 뿐이다. 그냥 인정해야 하는 것 아닐까? 인간에게 고통은 명확히 알 수 없지만 어쨌든 끝내 함께 가야 할 것으로 받아들여야 하지 않을까? 사실 인간에게는 이렇게 알 수 없게 주어진 것, 어쩔 수 없이 죽을 때까지 함께 가야 할 것이 있다. 흔히 운명적 혹은 숙명적이라고 이야기하는 것인데, 굳이 이런 의미심장한 표현을 붙일 필요도 없다. 인간이 태어나면서 손발을 지니고 태어나듯이 그렇게 인간에게 기본적인 구성요소 정도로 간주하면 좋겠다. 때가 되면 비 오고 눈 오듯이 인간에게 고통은 자연스럽게 다가오는 것이라 받아들이면 좋겠다.

이렇게 고통을 인간에게 자연스러운 요소로 인정하고 나면 결국 인간이 애써야 할 몫은 다가온 고통을 어떻게 견뎌낼 것인가이다. 이 글에서도 고통을 견뎌내기 위한 방안으로 두 가지를 제안한 셈이다. 하지만 어떻게 고통을 견뎌낼지에 결코 명쾌한 답이 있을 수 없다. 각자 이렇게 저렇게 해보면서 어떻게든 견뎌낼밖에 도리가 없다. 다만 고통에 관한 우리의 많은 생각과 노력이 단지 고통을 부정하거나 회피할 방안을 찾으려는 의도에서 나오는 것은 아닌지 살펴볼 일이다.

5_ 고통 또한 지나가리라!

이연수 문학박사, 가톨릭대학교 ELP학부대학 교수

'고통'이라는 어감이 주는 무게감 때문이었을까? 아니면 그 무게감을 아직은 감당하기 어려워서였을까? 이 주제를 받고 글쓰기가 참으로 힘이 들었다. 그렇다고 어떤 글이나 편하게 쓴다는 의미는 아니다. 어떤 글을 쓰든 힘이 들기는 매한가지다. 그런데도 유독 '고통'이라는 주제는 버겁기만 하다. 속내는 나만이 아는 저 밑바닥에 꽁꽁 숨겨두고 꽤 그럴싸하게 나를 드러내고 싶어 했나 보다. 고통은 저만치 흘러갔다고, 그러니 사방팔방에 광고하듯 내 지난날을 굳이 알릴 필요가 있을까, 하는 마음이 컸던 모양이다. 적당히 거리를 두며 고통에 관한 책 몇 권만 소개하면 되겠지, 하는 안일한 마음은 글쓰기에 대한 압박을 뛰어넘어 고통 그 자체가 되어 버렸다. 필자에서 빼달라는 간청도 물거품 되고. 더는 버틸 수 없는 상황까지 와 버렸다. 그래, 부딪쳐 보자. 까짓것, 죽기야 하겠어?

'까짓것, 죽기야 하겠어?' 끝까지 용쓰다 안 될 때 불쑥 내뱉는 말이다. 아주 쉽게, 아무렇지 않은 듯이. 죽는 것은 남의 일인 양 말이다. 죽음은 그렇게 나와는 별개인 것처럼 생각한다. 내 의지와는 상관없이 일어나는 게 죽음이라고. 머리로는 그렇게 생각하면서 막상 내 앞에 죽음의 그림자가 드리울 때는 몸서리치며 죽음이 한시라도 빨리 물러가기를 간절히 바란다. 그게 우리네 모습이다. 하물며 그 죽음이 내 자식의 죽음이라면 어떨까? 눈에 넣어도 아프지 않을 자식의 죽음 앞에서 어느 부모가 담담히 바라볼 수 있을까? 참척의 고통 앞에서 한없이 무너지는 부모의 애끊는 마음을 어느 누가 알기나 할까? 당해 보지 않고 어디 짐작이나 할 수 있겠는가?

왜 하필 내게?

해럴드 사무엘 쿠시너의 『선한 사람들에게 왜 불행이 오는가』송정희 옮김, 중앙일보사, 1995(절판)는 유대교 랍비인 지은이가, '프로제리아'라는 급속한 조로증을 14년 동안 앓다 세상을 떠난 아들 아론을 기리며 쓴 책이다. 아들의 병명을 알고부터 '왜 선한 사람들이 고통을 당해야 하는가?' 하는 문제에 천착하게 되었다는 그다.

홀로코스트가 일어났을 때도, 9·11 테러가 발생했을 때도, 사람들은 하느님을 원망했었다. 대체 하느님은 어디에 계시느냐고, 정의와 자비의 하느님은 어디서 무엇하고 계시느냐고, 수많은 무고

한 이들이 죽어 가는데, 하느님 당신은 팔짱만 끼고 멀찍이 서서 바라만 보고 계시느냐고, 아니 당신은 이 세상에 계시기는 하는 거냐고, 하면서 말이다. 무고한 이들의 죽음 앞에서 우리는 무엇을 할 수 있을까? 특히, 무고한 이가 아직 자신의 삶을 펼쳐 보이지도 못한 순진무구한 어린아이라면, 어떻게 해야 하는가? 이제 아장아장 걸으며 엄마아빠에게 방긋방긋 웃는 아이를 하느님은 왜 데려가시는지, 그럴 바에는 아예 태어나지 않게 하시든지, 원망의 대상이 되어 버린 하느님.

우리는 저마다 처한 고통 앞에서 자신의 한계를 절감하며, 절대자를 향해 끝없이 울부짖으며 절규한다. '왜 하필 내게 이런 일이 생겼는지' '하느님도 무심하시지, 내가 대체 무슨 잘못을 저질렀기에 이런 고통을 주시는지' 하며 회한과 자책의 눈물을 흘린다. 이는 아마도 고통pain의 라틴어 어원 poena가 '처벌' '형벌'이라는 뜻이기에, 죄의 대가로 고통이 발생한다고 생각해서 일 것이다. 자신이 살아온 나날 중에 죄를 지었기에, 그 죄의 대가로 하느님이 벌을 주셨다는 뜻이리라. 그러니 고통은 하느님의 벌이라는 생각이 지배적일 수밖에 없다.

하지만 쿠시너는 불행이나 고통은 하느님에게서 오는 게 아니라 임의적으로 발생한다고 말한다. 하느님은 정의와 자비의 하느님이지만 전능하지는 않다면서 말이다. 우리는, 하느님은 전능하시기에 마음만 먹으면 무엇이든 다 이루실 수 있을 거라 생각한다. 전능하신 하느님이시기에 못할 게 뭐가 있겠느냐, 하는 생각에서다.

그래서 대형 참사가 일어날 때마다 전능하신 하느님은 어디 계시느냐고 화살을 하느님께 돌리지 않는가. 대형 참사나 있어서는 안 될 일이 일어나는 것은 하느님이 아니라 인간에게서 비롯된 것이다. 인간의 무지와 탐욕에서 비롯된 거대 자본의 논리가 인간을 위해서가 아니라 자본을 우상숭배로 여기기 때문이리라. 사랑이신 하느님이 당신의 깊은 뜻이 있어, 당신을 닮은 이들의 목숨을 담보로, 그런 무시무시한 일을 저질렀다고 생각이나 할 수 있겠는가?

그는 '하느님이 어떻게 내게 이럴 수 있는가?' 하는 물음 대신, '하느님, 제게 일어난 일을 좀 보십시오. 저를 좀 도와주실 수 없습니까?' '이런 일이 일어났으니 이제 저는 무엇을 해야 합니까?' 하고 물어야 한다고 말한다. 왜? 하느님은 정의와 공정, 연민의 하느님이시기 때문이다. 끝이 보이지 않는, 암흑 속 긴 터널 속에 있는 이들이 한줄기 빛이라도 볼 수 있도록, 그들이 다시금 짙은 먹구름 아래서가 아니라 뭉게구름이 둥실둥실 떠 있는 맑고 푸른 하늘 아래서 살아갈 수 있도록, 그들에게 용기를 북돋우고 그들을 돕기 위해 사람들을 달려가게 하는 일, 그것이 바로 사람을 향한 하느님의 일일 터.

어떻게 감내할까?

독일 베네딕토 수사인 안셀름 그륀은 고통 그 자체에는 아무런 의미가 없다고 말한다. 하지만 끝까지 버티어 고통에서 의미를 끌어

안셀름 그륀『함께 울어주고 함께 아파하고: 안셀름 그륀 신부의 위로 멘토링』(김선태 옮김, 생활성서사, 2012)

내는 일은 인간의 사명이라고 한다. 『함께 울어주고 함께 아파하고: 안셀름 그륀 신부의 위로 멘토링』김선태 옮김, 생활성서사, 2012라는 책에서 그는 유대인 정신의학자 빅터 프랭클을 소개하며 고통의 의미에 관해 말한다. 빅터 프랭클은 아우슈비츠 강제수용소에서 가족을 잃고, 그곳에서의 체험을 바탕으로 로고테라피logotheraphy 의미치료라는 이론을 창시했다. 고통에 의미를 부여한 이들만이 그곳에서 살아남았음을 체험하고 나서다. 고통스런 삶에서 벗어나고자 하는 인간의 욕구, 바로 살고자 하는 욕구인 것이다. 그가 말한 '삶의 의미'다. "'왜why' 살아야 하는지를 아는 사람은 그 '어떤how' 상황도 견뎌낼 수 있다."는 니체의 말처럼, 고통스런 삶에 의미를 부여해야 살아낼 수 있다는 것이다. 그래야 살아갈 수 있다는 말이다. 살아가야 내가 사는 게 된다.

안셀름 그륀은 사랑하는 사람의 죽음 뒤에는 언제나 죄책감이 찾아온다고 한다. "어찌하여 나는 그에게 아주 많이 사랑한다고 말하지 않았을까? …… 왜 나는 그가 불치병에 걸렸다는 사실을 믿으려 하지 않았을까? 어찌하여 나는 그와 의식적으로 작별하는 기회를 만들지 않았을까?" 사랑하는 사람의 죽음이라는 부재를 실감하기도 전에 죄책감이라는 고통이 남아 있는 이들의 마음을 짓누른다. 하지만 죄책감은 인생에서 전혀 쓸모없는 일이다. 그는 죄책감은 하느님께 맡기고 슬픔을 놓아 주라 한다. 슬픔에서 벗어날 때만이 우리는 비로소 행복을 향한 문을 제 손으로 열 수 있을 것이다.

나도 부모의 죽음 앞에서 죄책감에 시달린 적이 있다. 앞서거니 뒤서거니 이 년 사이에 하느님의 품으로 가신 부모의 부재를 온 몸으로 실감하고 고통스런 나날을 보내던 때였다. 십여 년도 훨씬 지난 일이다. 누구나 언젠가 죽기 마련이지만, 내 부모는 오래오래 살 줄 알았다. 그때 박사과정 중에 있는지라 부모 밑에서 더부살이처럼 살고 있지만, 공부 마치고 자리 잡으면 내가 당당히 모시는 것처럼 되리라 생각했었다. 그렇게 허망하게 가시리라고는 생각한 적이 없었다. 먼 이야기로만 여겼었다.

부모의 죽음 앞에서 나는 철저히 무너졌다. 처음 느껴 본 상실감이었다. 빈자리가 이런 거였구나. 홀로 남았다는 두려움과 이제 어떻게 살아가야 하는가, 하는 막막함과 적막함. 아무도 의지할 데 없는 이 세상을 어떻게 살아가야 하나. 참으로 무서웠고 참으로 두려웠다.

부모 살아생전 내가 잘 해드렸다면, 고분고분 말 잘 들었더라면, 결혼을 했더라면, 다니던 직장을 그냥 다녔더라면, 부모는 돌아가시지 않았을까, 돌아가셔도 마음 편히 눈을 감지 않으셨을까? ……. 별의별 생각이 꼬리에 꼬리를 물고 나를 몰아세웠다. 내가 좀 더 착했더라면, 내가 좀 더 사리분별을 잘 했더라면, 내가 좀 더 야무지게 내 앞길을 펼쳐갔더라면……. 지금의 내 상황은 달라지지 않았을까?

그러다 내가 무얼 잘못했다고 그리 큰 시련을 주셨느냐고 하느님께 대들고 울부짖기도 많이 했었다. 내가 왜 이런 죄책감에 시달려야 하느냐고, 나 너무 외롭다고, 누군가 내 옆에 있으면 좋겠다고, 누구라도 나를 붙들어 주면 좋겠다고, 말이다. 왜 내 옆에는 아무도 없느냐고 ……. 무력감과 우울한 마음으로 하루하루를 힘겹게 버텨 가던 그 시절. 정말 미치도록 행복 하고 싶었다. 행복의 기준이 무엇인지는 몰라도 그저 행복만이 나를 지탱시켜 줄 것만 같았다.

고통이라는 사실 자체에 의미를 부여하기보다는 고통을 통해 내 삶을 되돌아보고 의미를 부여하는 일. 그것이 고통을 통해 나를 직면하는 길일 터. 고통 속에서 허우적대는 일 또한 내가 살아 있음을 느끼게 해줄 것이다. 살고자 하는 욕구에 몸부림치는 나를 비로소 직시할 수 있을 테니. 고통은 순전히 혼자 풀어야 하는, 고통 속에서 삶의 의미를 찾아내어야 하는 당사자의 몫이다. 하지만 그 곁에 있는 이들은 그/ 그녀가 고통을 감내하도록 묵묵히 지켜봐주는 역할을 해야 하지 않을까?

사실 사람들은 누군가 어려움이나 극심한 고통에 처해 있을 때, 나름 해결책을 제시해 주려고 한다. 할 만큼 했으니 그만 잊으라고, 아니면 더러는 제 경험이 해답인양 말하기도 한다. 더러는 잘못을 따져 그 사람을 질책함으로써 더 힘들게 만들기도 한다. 모두 고통 속에 있는 이들을 하루빨리 질곡에서 벗어나게 하려고 그들에게 도움을 주려하지만, 도움이 되기는커녕 그들의 마음만 다치게 하기 일쑤다. 문제를 해결할 이는 분명 고통 속에 있는 그 사람이다. 아무도 대신 문제를 해결해 줄 수 없다. 우리는 그저 옆에 있어 줄 뿐이다. 힘들어하는 이의 손을 잡고 가만히 앉아 주거나 그 사람의 이야기를 들어주는 일밖에는. 힘내라는 격려의 말 한마디, 밥 한 끼 사주고, 얼마 안 되는 돈이지만 용돈이라도 하라며 호주머니에 쿡 집어넣어주는 일, 그저 함께 걸어주는 일, 말없이 그 곁을 지켜주는 일 등. 안셀름 그륀의 책 제목처럼 함께 울어주고 함께 아파하는, 이 모든 일이 고통을 당한 사람 곁에 있어 주는 이들의 몫이 아닐까?

언제 끝이 날까?

은수연이라는 필명으로 『눈물도 빛을 만나면 반짝인다: 어느 성폭력 생존자의 빛나는 치유 일기』이매진, 2012를 쓴 저자는 "견뎌내질 못할 아픔은 없고, 끝이 없는 고통은 없다는 것을"이라는 내용으로 프롤로그 끝을 맺는다. 부제가 말해 주듯, 그녀가 겪은 아픔과 고통은 성폭력이다. 그것도 친족성폭력이다. 초등학교 5학년 때부터 집을 탈출한 대학교 1학년 때까지, 무려 9년 동안 목사인 아버지에게서 성폭력을 당했다. 6학년 때는 임신까지 해서 낙태수술까지 받았다. 불혹을 앞둔 나이에, 그녀는 끝이 없으리라 생각했던 고통에 대해 힘과 용기를 내어 자신의 이야기를 세상에 건넨다.

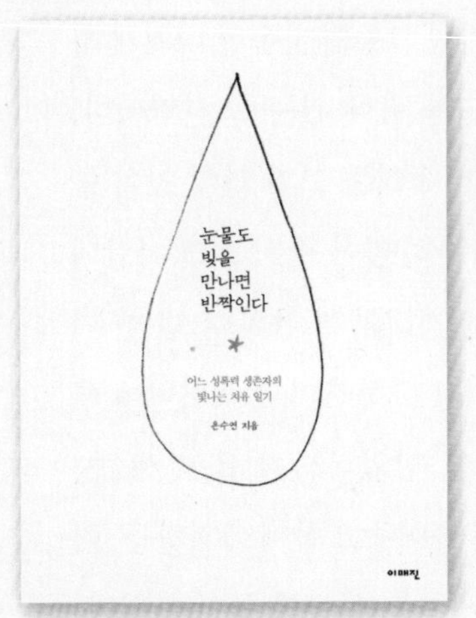

은수연 『눈물도 빛을 만나면 반짝인다: 어느 성폭력 생존자의 빛나는 치유 일기』 (이매진, 2012)

하루에 한 번꼴로 인터넷에 오르는 무수한 성폭력 사건은 대상에 따라 천차만별이다. 어린이나 남녀 친구, 애인을 대상으로 하기도 하고, 아니면 직장이나 학교, 심지어 폐쇄된 군대 안에서도 일어난다. 성폭력은 '성性'을 대상으로 한다는 점에서 여타 폭력과 다르게 다루어지기도 한다. 특히 여성에 대한 부분을 이야기한다는 점 또한 남녀 사이에 일어나는 사적이고 내밀한 부분이라는 측면에서 '폭력'이라기보다는 '성'에 초점을 맞춘다. 그러다 보니, 특히 여성에게는 왜 강하게 거부하지 못했느냐, 너도 즐긴 거 아니야, 네가 옷차림을 그렇게 하고 다니니까 그런 일이 일어난 거 아니야, 하는 질책이 쏟아진다.

사전적 정의에 따르면, 폭력은 "남을 거칠고 사납게 제압할 때에 쓰는, 물리적인 수단이나 힘"을 뜻한다. 이런 의미로 본다면, 성폭력은 성을 매개로 한다는 점에서 당연 폭력에 해당한다. '자기결정권'이라는 측면에 위배되는 성행위가 이루어지기 때문이다. 성행위는 사랑하는 사람 사이에 이루어지는 아주 자연스러운 몸짓인데도, 성폭력은 힘 있는 자에 의해 힘없는 이에게 이루어지는 권력관계에서 발생한다.

성폭력 피해자의 아픔과 고통은 평생 짊어지고 가야 하는 천형처럼 느껴진다. 그런데 성폭력이 친족에게서 이루어진 거라면 어떻겠는가? 가족이라는 울타리가 제 역할을 제대로 하지 못했을 때, 아무도 보호막이 되지 못했을 때, 아이는 혼자서 험한 꼴을 당하며 무슨 생각을 했을까?

은수연은 어느 날 사이코드라마 모임에서 참가자들의 사이코드라마를 보며, 뭐가 그리 힘들다고 저 지랄을 떠는 거야, 라는 생각이 들었다고 한다. 그들이 겪은 고통은 자신이 당한 고통에 비하면 아무것도 아닌데, 저런 생 지랄을 떠는가, 하는 아니꼬움에 몸서리치면서. 이런 그녀의 모습을 보고 디렉터는 "자기 상처의 깊이에 갇혀 '뭐 저걸 가지고 힘들다고 난리야?' 그런 생각을 넘어설 때 너는 진짜 멋진 상처 입은 치유자가 될 거다. 모든 사람은 자기만의 상처로 아프고 힘든 것이다. 네가 가장 힘든 건 아니다."라고 따끔한 충고 한마디를 건넨다.

우리는 저마다 겪는 고통이 제일 크다고 생각한다. 나 또한 앞서 말했듯이 부모를 두 해 사이에 잃고 한동안 삶의 의미를 찾지 못했었다. 무력감에 사로잡혀 아무것도 하지 못했던 그 시절이 내게는 제일 큰 고통스런 나날들이 아닌가 싶다. 자신과의 힘겨운 싸움을 하고 있던 나를, 사람들은 알지 못했다. 겉으로 보기에는 아무런 문제가 없었으니 말이다. 그처럼, 고통은 오롯이 혼자 감당해야 하는 일이다. 남이 겪는 고통이 얼마나 힘든지 안다고 해도, 처절한 고통의 깊이까지 이해할 수는 없을 테니까.

은수연은 성폭력에 시달리던 9년을 보내고, 성폭력을 자행했던 원수, 아니 아버지를 용시하기 위한 또 다른 고통을 감내하는 기나긴 여정을 갖는다. 지난한 여정 속에서, 미워해야 할 대상을 맘껏 미워한다. 왜? 미워해도 되니까. 그녀의 잘못이 아니니까. 성폭력 피해자는 생각조차하기 싫은, 일생 트라우마로 남는 성폭력 피해 말고도 2차 피해를 겪는다. 그것은 바로 '네가 잘못한 거야.'라는 시선 때문이다. 너 때문에 그러한 일이 벌어졌다고 질책을 하는 것이다. 성폭력에 대한 결과는 고스란히 여자 탓으로 돌려진다. 은수연에 가해진 성폭력은 순전히 아버지의 잘못된 본성, 괴물 본성이 제 딸아이에게 몹쓸 짓을 한 거였다. 그러니 딸을 욕해야 하는 게 아니라 아버지를 욕해야 하는 게 마땅함이다.

"예수님은 제게 '네 아빠를 내게 던져 놓으렴. 네가 미워하지도 말고, 원수 갚으려고도 하지 말고, 그냥 나에게 맡겨두렴.' 하는 것 같습니다. 또 '원수를 사랑하라.'고 합니다. 그래서 저는 예수님을 믿고, 아빠를 용서하고, 아빠를 예수님에게 맡깁니다. 제가 감당할 수 없는 것이라서요." 은수연은 이렇게 그 원수를, 아빠를 용서한다. 흐르는 시간 속에서 고통의 깊이는 옅어지기도 하고 빛이 바래 희뿌연 해지기도 한다. 저마다 생각의 속도가 다르고 성장 속도가 다르듯이, 감당해야 하는 고통의 무게 또한 다를 것이다. 그녀의 말처럼, 견뎌내지 못할 아픔은 없고, 끝이 없는 고통은 없는 듯하다. 다만 시간이 더디 걸릴 뿐. "캄캄한 어둠과 침묵 속에서 괴물로 변한 아빠가 어린 딸을 사람으로 대하지 않던 시간들에 관한 기록"을 용기 내어 당당하게 이 세상에 전한 그녀에게 감사의 박수를 보내며, 그녀가 그동안 함께해준 이들에게 선물로 보내는 데이비드 그리피스의 「힘과 용기의 차이」를 싣는다.

강해지기 위해서는 힘이 필요하고
부드러워지기 위해서는 용기가 필요하다.

자신을 방어하기 위해서는 힘이
방어 자세를 버리기 위해서는 용기가

이기기 위해서는 힘이
져주기 위해서는 용기가

확신을 갖기 위해서는 힘이 필요하고
의문을 갖기 위해서는 용기가 필요하다.

조화를 이루기 위해서는 힘이
전체의 뜻에 따르지 않기 위해서는 용기가

다른 사람의 고통을 느끼기 위해서는 힘이
자신의 고통을 마주하기 위해서는 용기가 필요하다.

자신의 감정을 숨기기 위해서는 힘이 필요하고

그것을 표현하기 위해서는 용기가 필요하다.

학대를 견디기 위해서는 힘이 필요하고
그것을 중단시키기 위해서는 용기가 필요하다.

홀로서기 위해서는 힘이 필요하고
누군가에게 기대기 위해서는 용기가 필요하다.

사랑하기 위해서는 힘이
사랑받기 위해서는 용기가

생존하기 위해서는 힘이
삶을 살기 위해서는 용기가 필요하다.

– 데이비드 그리피스의 「힘과 용기의 차이」

돌아누우리라!

지금은 고인이 된 박완서 선생님은 온 나라가 88올림픽에 들떠 있던 그해 여름, 4녀1남 자식 가운데 전도양양한 스물여섯 살 아들을 잃었다. 『한 말씀만 하소서』솔출판사, 1994(절판). 이 책은 2004년 세계사에서 같은 제목으로 다시 출간되었다.는 앞서 소개한 해럴드 사무엘 쿠시너의 『선한 사람들에게 왜 불행이 오는가』와 마찬가지로, 참척의 고통을 고스란히 담고 있다. 쿠시너가 참척의 고통을 하느님과의 관계 안에서 신학적 의미로 담담히 풀어 갔다면, 이 책은 작가로서가 아닌 아들을 앞세운 어머니로서의 절절한 마음을 피 토하듯 써 내려간 통곡의 일기라 하겠다. 선생님의 말씀대로, 『한 말씀만 하소서』는 소설도 수필도 아니다. 그야말로 20대 준수한 청년이었던 아들을 잃은 어미의 극한 상황에서 나올 수밖에 없었던, 그날그날의 토악질이나 다름없는 일기다.

그런데 나는 이 책을 1996년 4월 16일에 사놓고서 책도 펼치지 않은 듯하다. 책장을 넘긴 손때조차 묻어 있지 않다. 책을 끝까지 펼쳐 보았지만 밑줄 친 구절, 여백에 끄적거린 메모 하나 없다. 왜 눈도장만 찍고 읽지도 않았을까? 재미가 없었나? 아니면 읽고 싶지 않았었나?

1996년 그해, 나는 십여 년 넘게 공부한 학부 전공을 뒤로 한 채 신학을 공부하기 위해 종교학과에서 청강하며 2학기 대학원 입학시험을 준비하고 있었다. 내 머릿속은 온통 한 달여 남은 시험에 몰려 있었다. 서른이 넘어 시작한 공부에, 그것도 이과 머리에서 문과 머리로 단번에 바꾸려니 모든 게 낯설었다. 그런 시점에서 나는 왜 저 책을 읽으려고 했는지 도통 모르겠다. 서른 중반에 또 다시 대학원에 들어가려는 내 모습이 당신 보기에 어떠신지 '한 말씀만 하소서.'라고 물어보고 싶었던 거였을까? 하지만 저 책에 손끝 하나 대지 않았다. 애지중지 키워 늠름한 청년으로 자라난 아들의 죽음 앞에서 애끓는 마음을 그대로 드러낸 박완서 선생님의 날것보다는 얼마 남지 않은 내 대학원 입학시험이 더 힘에 겨웠나 보다. 힘겨운 사투와 같은 어미의 처절한 몸부림을 애써 외면하고 싶은 모양이었나 보다.

오랜 세월이 지난 지금, 나는 그때의 내가 아니었다. 여전히 이연수라는 이름을 쓰는 같은 인물이지만, 부모를 여윈 최초의 상실감과 절망감을 온몸으로 감내했던 그 시절을 겪어서였을까? 선생님의 어찌할 바 모르는 크나큰 슬픔을 이제야 뒤늦게 조금이나마 이해할 수 있었다.

박완서 선생님은 이해인 수녀가 있는 부산 분도수도원에서 잠시 지내는 동안, 생때같은 아들의 죽음을 받아들이게 되는 극적인 기회를 맞는다. 집안에서 꽤나 속 썩이던 동생에 관해 친구와 말을 주고받던 어느 예비 수녀의 이야기를 듣고 나서였다. 당신의 막내딸보다 앳돼 보이는 수녀가 전하는 사고는 그야말로 유연했다. 자신의 동생이 왜 저렇게 해야 하나와 자신의 동생이라고 해서 저렇게 하지 말라는 법이 있나, 하는 생각의 차이. 아주 사소한 차이 같지만 실은 사고思考의 대전환이었다. 왜 하필이면 당신 아들을 데려가셨는가와 당신 아들이라고 해서 데려가시지 말라는 법이 어디 있는가라고 고칠 수 있다면, 구원의 실마리가 그곳에 있을 거라 생각했단다.

그렇다. 우리는 고통을 안겨준 사건 이전으로 돌아가기를 바란다. 그래서 그 사건이 일어나지 않았던 걸로 하려고 한다. 그날 그곳에 가지 않았더라면, 그 사람을 만나지 않았더라면, 그 일을 하지 않았더라면 …… 하는 이유를 대어서라도 원상태로 되돌려 놓으려 한다. 되돌려 놓은 적이 있었던가? 아니 되돌려지던가? 그런 일은 절대로 일어나지 않는다. 사건은 일어났고 사고는 났고 사람이 죽었다면, 속수무책인 우리는, 나는 어떻게 해야 하나?

박완서 선생님은 어려서 무서운 꿈을 꾸다 흐느끼며 깨어나면 어머니는 당신을 다시 재우며, 돌아누워라, 그래야 다시는 못 된 꿈을 꾸지 않는다고 말씀하셨다고 한다. 그것이 바로 사고의 전환, 뒤집어 생각하기다. 나를 매몰시킨 문제가 해결되었다는 것은 그 대상을 내가 어떻게 바라보게 되었는가, 다시 말해 그 문제에 대한 관점이 어떻게 바뀌었는가 하는 것이다. 바로 사고의 전환, 관점의 전환이라 하겠다. 죽어도 바뀔 것 같지 않은 생각이 그럴 수도 있었겠구나, 그래 이제는 할 수 있겠구나, 하고 받아들이게 되었다는 뜻이리라.

사람의 생김새가 다 다르듯, 살아온 인생 역정도, 삶의 의미도 제각각이다. 더러는 나름대로 잘 살아왔다고 자부하며 지난날을 흡족해하지만, 더러는 과거에 경험했던 고통스런 사건으로 인해 평생 가슴앓이를 하기도 한다. 과거가 늘 자신의 발목을 잡고 있어, 오늘이라는 현재를 살고 있지 못해서다. 우리네 삶은 조각보라 할 수 있다. 수많은 조각이 모여 하나의 삶을, 자신의 이야기를 만든다. 어떤 조각은 밝고 화려하지만, 어떤 조각은 암울해서 버리고 싶기도 하다. 하지만 과거의 고통이 내게 생채기를 내고 트라우마로 남아 있다고, 내 맘대로 버릴 수 있는 건 아니다. 버려지지도 않거니와 없어지지도 않아서다.

이때 필요한 것이 바로 '해석'이다. 여기서 말하는 해석은 외국어를 우리말로 바꾸는 '번역'translation이 아니다. 문학이나 철학에서 말하는 '해석학'Hermeneutics이다. 그리스 신화에는 헤르메스Hermes라는 사자使者가 등장하는데, 신의 결정사항이나 계획을 인간에게 대신 전해주는 역할을 한다. 헤르메스가 신의 이야기를 인간에게 대신 전해주는 중간자 역할을 하기에, 여기에서 해석학이라는 말이 비롯되었다.

그렇다면 내 삶에 드리운 고통의 그림자를 어떻게 받아들이고 해석해야 하는가? 왜 내게 이런 일이 일어났는지, 왜 나만 이런 불행과 고통을 겪어야 하는지, 도대체 내게 삶의 의미는 무엇이며, 나는 왜 살아야 하는가? 이런 '궁극적 질문'으로 내게 말 걸어오는 삶의 내용에 내 스스로 해석자가 되어 답을 내야 한다. 그럼으로써 지난날 이해할 수 없었던 내 삶의 모습은 내게 선물이 되어 내 가슴에 한 줄기 시원한 바람을 선사할 것이다. 그때야 비로소 웃을 수 있을 게다. 아주 활짝! 고통 또한 지나가리라, 하면서 말이다.

II. 힐링

1_힐링! - 있는 그대로를 바라보는 지혜

김영수 문학박사, 한국가톨릭문화연구원 연구이사

마음이 따뜻한 사람과 만나고 싶다

1980년대 "마음이 따뜻한 사람과 만나고 싶다."는 광고가 있었다. 커피 광고였을까? 광고 문구답지 않은 내용으로 많은 사람들의 가슴에 울림이 있었다. 공감과 소통이 아쉬웠던 1980년대는 한국 현대사가 소용돌이치는 격동의 시절이었다. 그로 인해 우리 사회는 현실을 옥죄어 오는 흐름 안에서 당면한 문제로 몸부림치며 앓고 있었다. 대학 졸업 후 시작된 내게 직장생활의 느낌은 회색빛이었다. 내 나이 20대 후반 시대 분위기 탓일까, 아니면 삶의 여정에서 그럴 나이였기 때문이었을까 삶은 힘이 들었고, 마음은 갈피를 잡지 못해 우왕좌왕했다. 그로부터 30여 년, 지나고 보니 모두들 비슷한 고민을 한 듯하다. 광고 구절에서 위안을 느낀 것은 기댈 곳이 많지 않

법정 『무소유』 (범우사, 1973)

았다는 데에 있었다. 시대 분위기로 인해 젊은이들의 내면에까지 그 관심이 미치지 못한 시절이니 당연한 일인지도 모른다.

젊은이로서 할 수 있는 일이 많지 않았다. 그래서 외로웠는지도 모른다. 나는 그 허허로움을 달래기 위해 책을 읽었다. 마구잡이로 서점에 들러 마음 끌리던 대로 책을 읽어 나갔다. 아직도 내가 힘들 때면 그 때 읽었던 책들이 생생하게 떠오른다. 법정 스님의 『무소유』 범우사, 1973를 읽고 마음을 달랬으며, 이시형 박사의 『배짱으로 삽시다』 집현전, 1982 『결단』 집현전, 1991 등을 읽고 마음의 위안을 얻었다. 삶이 꺾어지는 나이에 서서 되돌아보니 아무것도 이룬 것이 없지만 그 시절 고민의 결과가 오늘날 나를 살아가게 만든 근원적인 힘이 되었다는 사실은 분명하다.

새 봄, 교정에서 바라보는 대학 신입생들의 표정은 밝기만 하다. 입시철이 막 지난 지금! 얼마 가지는 않겠지만, 대학에 막 입학한 이들은 일단 이루었다는 기쁨으로 가득 차 있다. 그런가 하면 그렇지 못한 이들도 있어 안쓰럽기 그지없다. 그들은 처음 맛보는 강력한 패배(?)의 고통 속에서 삶에 대한 진한 아쉬움을 느낄 것이다. 한편으로는 분석하고, 결심하고, 나름대로 삶의 행로를 고심할 것이다.

중고등학교와 대학을 거치면서 우리는 시험에 익숙해져 있다. 조금은 고통스럽겠지만 본인의 노력이 시험을 통해 효율적으로 발휘되면 별 무리는 없다. 그러나 노력했음에도 불구하고 시험에서 실패하고, 그러한 실패가 거듭될 때, 생활은 황폐해지고 삶은 참 힘들어지기 마련이다.

사회적인 분위기가 나아졌다고는 하나 오늘날 젊은 청춘들의 삶은 여전히 고단하기만 하다. 아니 그들의 삶만이 그런 것은 아니다. 젊은 시절 방황을 끝내고 삶의 현장에서 정신없이 달려온 베이비 붐 세대 역시 삶의 끝자락에서 느끼는 공허감 역시 만만한 것이 아니다. 약간의 여유는 생겼다고는 하나 비로소 허리를 펴고 주변을 살펴보니 자신이 설 자리가 없다는 고백은 그들에게도 참 많은 위로가 필요하다는 것을 반증한다. 오늘날 사회적으로 힐링 열풍이 부는 원인을 여기서 찾을 수 있을 듯하다.

사회적 트렌드social trend의 변화:
웰빙well-being에서 힐링healing으로

2000년대 초반부터 우리 사회에는 소위 웰빙well-being 붐이 일어났다. 우리말로는 '참살이'운동이라고 번역되는 이 흐름은 산업사회로 피폐해진 건강을 전제하여 육체적·정신적 건강의 조화를 통해 행복하고 아름다운 삶을 영위하려는 욕구에서 출발하였다. 대표적으로 슬로푸드slow food 운동이나 걷기 열풍으로 나타나며, 건강, 여가,

삶의 지향 등 모든 것이 그 안에 포함되었다. 웰빙의 배경에는 소득 상승과 성공에 대한 변화된 인식, 그리고 삶을 돌아보게 하는 고령화 현상이 있다. 즉, 약간의 경제적 여유가 생긴 마당에서 미래를 위해 허리띠를 졸라매는 만큼 현재의 삶에도 가치를 둔다는 것이다.

이에 비해 힐링은 아직 우리사회에서 정확한 의미나 개념이 뚜렷하게 규정되지는 않았다. 사전적으로 보면 '마음을 위안하며 치유하는 것'이라는 정도이나 실제는 그 이상의 의미를 지닌다. 김정우 신부의 말을 빌리자면 '현대의 희생자가 오늘을 사는 사람들이라고 볼 때, 현대주의mordernism, 과학화, 산업화가 진행되는 과정에서 속도의 노예, 변화의 노예로 살며 인간 소외를 체험한 세대들의 삶에 대한 호소이자 자아를 잃어버린 현대인들의 자기 찾기 방식'인 것이다.

그러나 SBS 토크쇼 힐링 캠프, 힐링 강연, 힐링 서적의 출판 등 힐링을 주도하는 사회적 흐름을 생각할 때 웰빙에서 힐링으로의 변화를 통해 우리는 우리 사회의 중심이 베이비 붐 세대에서 청년층으로 바뀌는 것을 감지할 수 있다. 즉, 변화를 추구하면서도 변화되지 않는 정치적 상황들, 끝 모르게 지속되는 듯 보이는 불황의 위기감, 고용불안, 극심한 양극화, 치솟는 자살률 등은 기성의 베이비 붐 세대보다는 앞으로 인생을 계획해야 할 청년층에 더 시급한 문제이기 때문이다. 그렇기에 오늘날에는 힐링healing이 대세가 되었다.

오늘날 사람들은 많이 아프다. 그래서 치유가 필요하다. 그렇기에 힐링의 범람 현상은 한국인들이 느끼는 상실감과 불안감이 그만큼 크다는 사실을 반증한다. '2000년대 유행어였던 웰빙이 더 조화롭게 잘 살기 위한 대중의 욕망을 표현한 것이라면 2012년의 힐링은 더 잘 살고 싶기는커녕 받은 상처를 치료라도 하고 싶은 몸부림이라는 점에서는 차이가 있다.'는 어느 문화평론가의 말에 충분히 공감이 간다.

책에서 얻는 위로 – 힐링 서적

어쩌면 모든 책이 힐링 서적이라고 할 수 있다. 서적을 통해서 고단한 삶에 대해 위로를 받는다는 사실은 시대를 넘어 근본적인 차이가 없으니 말이다. 또한 현실 속의 인간은 여전히 무엇인가를 추구하고 그렇게 추구하는 인간에게 책은 또 다른 길을 열어준다. 그렇기에 책은 아픈 인간들에게 어떠한 방식으로든 위로가 된다고 하겠다. 그렇다고 모든 책을 다 살펴볼 수야 없고, 힐링과 관련하여 기억에 남는 몇 권의 책을 소개해 본다.

주눅 들지 않는 당당함으로

이시형의 『배짱으로 삽시다』집현전, 1982는 80년대 중반, 처음 내딛은 사회에서 느낀 큰 벽을 넘어가는 데 큰 도움을 준 책이다. 그래서 그런지 당시 대학입시에 실패한 조카에게도 사 준 기억이 있다. 얼마 전 만나 이야기하다가 보니 이 녀석도 그 책을 기억하고 있었다. 30

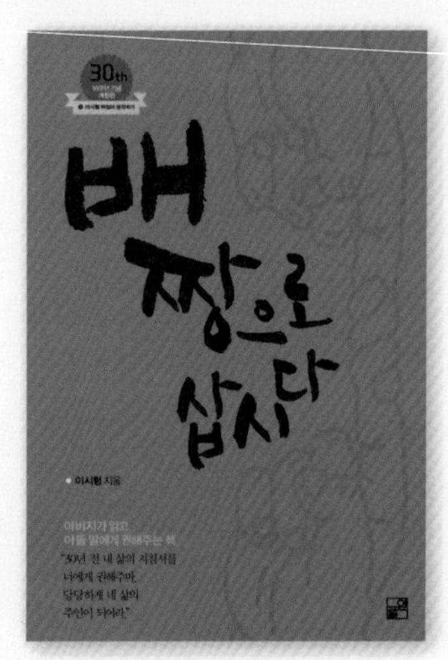

이시형 『배짱으로 삽시다』
(풀잎, 2013, 30주년 기념 개정판)

년 전 읽은 책을 기억한다는 것은 그만큼 약발(?)이 있었다는 의미일 터.

『배짱으로 삽시다』는 1982년 처음 출간된 이후 당시로는 180만부나 팔린 베스트셀러였다. 1980년대라는 시대적 상황에서 많은 사람들이 좌절하고 힘들어 할 때였다. 군부 독재 시절, 앞날은 캄캄하고 자신의 스스로의 한계로 몸부림치던 시절, 대학에 합격하지 못한 재수생, 대기업에 입사한 동기들에 비해 여전히 시험공부를 해야 하는 취업준비생, 취업 후 확장 일로의 업무 속에 갑자기 당황한 회사원, 젊은 세대가 밀고 올라오는데 자기만 정체된 듯 느끼는 중년 세대 등 많은 사람들이 이 책을 읽고 공감하며, 다시금 생활에 힘을 얻었다.

이 책은 변화의 시기에 평균적 한국인의 무의식속에 잠재된 소심증과 열등감, 체면의식과 조급증 등을 명쾌하게 분석해내며 그 해법을 실제에서 찾아 제시한다. 〈체면〉 옷을 벗어라, 〈대인불안〉 똑같은 사람들, 〈열등감〉 남과 달라지는 연습, 〈조급증〉 미래의식을 가져라, 〈미안과잉증〉 「안돼」라고 말하는 용기, 〈소신〉 소신 있는 거물들, 〈소심증〉 플러스 발상, 〈결단력〉 뛰고 나서 생각하라, 〈추진력〉 몸은 바로 마음이다 등 9개의 장에 총 94편의 글을 담고 있다.

"틀린다고 판단된 순간 서슴없이 바꿀 수 있는 거야말로 진정한 용기다. '아! 그랬구나' 하고 내 생각을 거두어 들이라. 그리고 상대의 이야기에 귀를 기울여라."고 생각 열기를 강조한다. 그런가 하면 "언행일치란 소인이나 하는 짓이다. 거물급은 식언을 잘한다. 자기모순에 마음을 속박시켜서는 발전이 없다."고 하여 전통적인 관념을 깨기도 한다. "친구들끼리 모여 하는 가벼운 대화를 마치 토론장이나처럼 착각해서는 안된다."고 생활에서의 지혜로운 삶을 이야기하기도 한다. "능력도 없으면서 대접은 같이 받아야겠다는 데서 설움이 온다. 한국적 평등주의가 빚은 열등의식의 넌센스다."에서처럼 자신을 성찰하라고 촉구하기도 한다. 한편 자신의 비리를 "사회비리를 고발하기 위해 했노라고 떠들면서 자신을 의적화하는 일이다. 더 웃기는 일은 양식 있는 상당수의 시민이 그 소리에 박수를 보내고 있다는 사실이다."고 하여 자기 합리화를 비판하기도 하며, "인정을 받으려면 움직여야 한다. 움직이지 않는 건 무능으로 평가받는 게 객관사회다."라 하여 실천적인 행동을 강조하기도 한다.

이 책은 정신과 의사가 스트레스 의학의 대중화를 시도한 심리학 저술이다. 심리학으로 접근하여 당시 산업화, 도시화와 군부독재라는 시대적 상황으로 방황하는 한국인, 특히 젊은이들에게 시대변화에 따른 새로운 인간상을 제시했다는 점에서 의미가 인정된다. 힐링이 어느 정도는 처세를 위한 자기 계발의 특성을 지닌다고 볼 때 복잡한 사회 안에서 개인이 겪는 내면적 고통에 대한 치유의 성격을 지닌 본격적인 힐링 서적이라는 판단이다.

근본으로 돌아가 마음을 비워라

소개하고 싶은 두 번째 책은 법륜의 『기도-내려놓기』정토출판, 2010 이다. 그는 불승이면서 사회운동가, 환경운동가로 활동하고 있다. 특히 불교계 4대강 사업 반대운동에 참여하고, 정토회를 설립하고 수행지도를 하며 대권주자 안철수의 멘토로 알려져 있다. 특히 불교 TV의 즉문즉설은 많은 사람들에게 신선한 충격을 주고 있으며, 나아가 법륜의 힐링 멘토에 핵심이 되고 있다. 이외 다양한 활동을 하며 최근에는 불교계 힐링 열풍의 주역인 미국 햄프셔대학 교수 혜민스님과 불교방송 '마음으로 듣는 음악' 진행자 정목 스님 등과 함께 토크 콘서트를 통해 젊은이들에게 희망과 용기를 건네는 법석法席을 전한다.

『기도-내려놓기』는 최근 폭식한 힐링 서적 가운데 하나이다. 특히 이 책에 끌리는 것은 제목 때문이었다. '기도'가 아니라 '기도-내려놓기'. 음! 기도하지 말라는 이야긴가? 그렇지 않다. 제대로 기도하라는 이야기다. 현실적 원願, 이를테면 돈을 많이 벌기 위해, 높은 사회적 성취를 이루기 위해 하는 기도를 위해서는 자신이 누구인지 알아야 하고 자신을 비워야 기도가 제대로 된다고 설명하고 있다.

"단지 기도할 뿐, 성취되고 안 되고는 그분께 맡기십시오."라고 하여 가톨릭 신자들에게도 익숙한 말로 시작하여 80년대 민주화 시위로 구속된 아들의 석방을 기원한 어머니의 기도는 이루어졌으나 아들은 석방후 3개월만에 교통사고로 죽고 말았다는 예화를 들면서 "우리가 원하는 것이 이루어진다고 반드시 좋은 일만은 아니다."라고 이야기하며 서두를 풀어나간다.

이어 기도의 힘, 수행자의 기도, 한 시간의 행복, 내려놓기 등의 큰제목으로 총 27편의 글을 수록하고 있으며, 부록으로 정토행자 참회 수행법을 제시하고 있다.

법륜 『기도 – 내려놓기』
(정토출판, 2010)

"우리는 인생을 살아가면서 여러 가지 문제로 괴로워합니다. …… 이 세상에는 노력하지 않고 얻을 수 있는 것은 아무것도 없습니다. …… 모든 괴로움과 속박은 다른 사람 때문에, 어떤 물질 때문에 생기는 것이 아닙니다."라고 하여 부처의 가르침을 언급한다. "상대의 마음을 이해하지 못하는 것은, 나를 중심에 놓고 생각하기 때문입니다." 하여 화를 내는 것이 나에게 근본이 있다고 진단한다. "나의 말과 행동과 사고는 무의식적으로 업장에 좌우됩니다. …… 누군가를 미워하고 원망하는 것은 자기가 지은 바 인연을 알지 못하기 때문입니다." "화와 짜증은 내 생각이 옳다는 생각에 뿌리를 두고 있습니다." 하여 자신을 파악하라고 안내한다. 이어 "이런 괴로움에서 벗어나려면, 이게 상대 때문에 그런 게 아니라 내 습관 때문이라는 걸 알아야 합니다."라 하여 모든 괴로움의 원인이 자기자신으로 귀착된다는 것을 제시한다. 그리고 이러한 과보에서 벗어나기 위한 실천을 강조한다.

이를테면 "아침 기도 시간에 일어나기 싫더라도 일어나 버리세요. 일어나기 싫은데 어떻게 일어나요? 그냥 일어나면 됩니다." 그리하여 괴로움이 없는 사람, 자유로운 사람이 되는 것이 수행의 기본 목적이라고 하면서 "바로 자기가 자기 운명의 주인인 사람"을 언급하고 있다.

요컨대 문제의 모든 원인은 '나'라는 입장이다. 따라서 '나'를 중심으로 성찰하고, 성찰을 통해 자신감을 얻으라는 이야기로 불승이라는 입장에서 치유에 목말라 하는 대중에게 질타 대신 따뜻함으로 이끌고 있다. 문제의 방향이나 안아주는 따뜻함의 온도차는 있으나 최근 주목 받는 불교계 스님들의 힐링 서적들도 이의 연장선상에서 이해할 수 있다. 혜민의 『멈추면 비로소 보이는 것들』 쌤앤파커스, 2012 정목의 『달팽이가 느려도 늦지 않다』 쌤앤파커스, 2013 법륜의 『스님의 주례사』 휴, 2010 『엄마 수업』 휴, 2011 『방황해도 괜찮아』 지식채널, 2012 등은 취업난과 경제난 등으로 힘겨워하는 많은 젊은이들에게 위로가 된다.

하루하루의 일상에서

이시형의 저작이 힐링의 지평을 연 책이고, 법륜의 책이 대중화된 힐링을 언급한 책이라면 이현주의 『하루기도 – 영원을 향한 깨달음』 생활성서, 2012는 생활영성적인 측면에서 힐링을 노래하고 있는 시집이라고 할 수 있다.

이현주는 감리교 목사다. 동화도 쓰고 번역도 하며, 토종 신학자 변선환 박사의 제자이다. 1977년『공동번역 성서』번역에 참여하여 감리교 목사이면서도 가톨릭 내에서 알려진 인물이다.『공동번역 성서』작업에 참여한 것 이외에도 그의 저술을 보면 노자와 장자는 물론 대학, 중용의 유교경전은 물론 기독교인이 보는 금강경까지 두루 섭렵하고 있다. 이를 달리 말하면 그는 삶 속에서 동양정신에 입각하여 그리스도교 영성을 체화하려고 노력했다고 볼 수 있다. 70이 넘은 그가 평생 그리스도교 신앙을 견지하면서, 이면의 동양사상에 접맥하려는 이러한 노력이 나타난 것이 바로『하루기도』라고 평가할 수 있다.

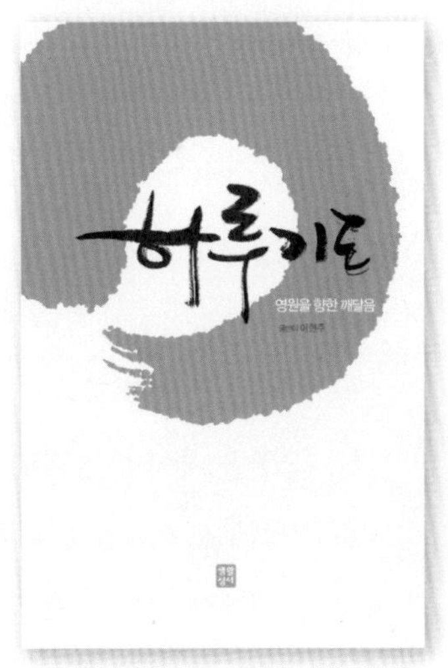

이현주『하루기도 – 영원을 향한 깨달음』
(생활성서, 2012)

"『하루기도』는 영성 생활이란 거창한 것이 아니라 매일 충실하게 살며 기도하는 것이라고 말한다. 또 우리가 느끼지 못하는 사이에, 하느님은 우리에게 선물을 주고 있음을 알려 준다. 이것은 영혼의 선물이자 우리 눈에는 보이지 않는 선물이다. 즉, 우리는 하느님과 영혼의 대화를 나누고 있는 것이다."라는 출판사 소개글에서 보듯이 그는 일상에서의 느낌을 잔잔하게 시로 풀어가고 있다.

자연의 인사44, 생명을 진실하게 하는 기도53, 산다는 것은45, 유혹과 고통을 비추는 빛47 등 모두 네 꼭지에 197편의 생활시가 수록되어 있다. 일상적인 언어로 평범하게 기술되어 있지만 그 내공의 깊이는 범상치가 않다. 고를 것도 없이 그냥 책을 펴들고 나온 시 한 편.

농부와 성자

어스름 산책길에서,
일을 마치고 집으로 돌아가는 제 또래 농부를 만났어요.
맥고모자로 덮은 마른 얼굴엔 주름이 깊었고,
어깨에 괭이를 맨 모습은
고흐의 '감자 먹는 사람들'에서 방금 걸어 나온 남자 같았습니다.
말없이 목례하고 지나치는데, 갑자기 성자를 본 기분이었어요.
고단한 일터에서 지친 몸 이끌고 집으로 돌아가는 농부!
그가 성자가 아니면 누가 성자겠습니까?
예, 그래요.
세상이 아직 망하지 않고 돌아가는 것은
구석구석에 숨은 성자들이 살고 있어서일 것입니다.
이인 열 사람이 살아 있어서, 그래서 세상이 남아 있는 거예요.
멀리서 돌아보니, 그 움직임이 하도 더뎌서
밭둑에 세워 둔 허수아비처럼 보이더군요.
주님, 그 농부에게 오늘 밤 당신의 자비로 축복하소서.

일상에서의 만남 속에서 성자를 만나는 그의 깊이를 짐작할 수 있는 시다. 또한 "세상이 아직 망하지 않고 돌아가는 것은/ 구석구석에 숨은 성자들이 살고 있어서일 것입니다."에서 현세적 삶에서의 희망도 놓치지 않고 있다. 암울한 현실, 그러나 그 삶에 대한 긍정성은 바로 지금 어렵고 힘든 처지에 놓여 있는 모든 이를 향한 힐링의 메시지이다.

힐링 – 우리 시대의 트렌드를 넘어설 것인가?

역사 속에서 인간은 늘 고통 속에 살았다. 고통의 시각으로 바라보면 말이다. 이 시대도 예외는 아니다. 이 시대 청춘들은 여전히 아프다고 호소한다. 실제로 그들을 살펴보면 곧 아픔에 공감할 수 있다. 그래서 요즈음은 모든 것 앞에 힐링이 들어가야 말이 된다. 이를테면 힐링 음악, 힐링 문학, 힐링 그림, 힐링 연극, 힐링 캠프, 힐링 서적, 힐링 푸드 등등 문화와 관련된 모든 영역에서 온통 힐링 투성이다.

이러한 현상에 대해 돈이 되니(?) 모든 문화적 트렌드 앞에 힐링이라는 접속어가 붙는 것이라고 분석하기도 한다. 이른바 문화 속에서 상업주의를 읽어내는 사람들이 그렇다. 모든 것이 경제적으로 치환되는 오늘날 사회에서 힐링이라고 예외일 수는 없으니 틀린 말은 아닐 것이다. 또한 상업주의로 힐링 시장이 커지면서 '너 앞으로 아플 거다.'고 부추기는 역효과도 지적된다. 이러한 분위기 속에 건강한 사람에 대한 세뇌효과도 언급되며, 다양한 통증에 대한 순간적인 진통제 정도라고 비판도 받는다.

그러나 오늘날 힐링의 수식 속에 스며든 상업주의를 염두에 두더라도 오늘날이 힐링이 필요한 사회임은 분명하다. 지금까지 살아온 환경이 그렇고, 실제로 많은 사람이 아파하니 말이다. 당장의 고통을 호소하는 사람에게 진통제 정도라도 얼마나 고마운 것인가. 순간이라도 위로 받고 마음 속 아픔을 치유 받을 수 있으니 말이다.

개중에는 상업주의로 인해 일시적으로 부각된 것이니 곧 사라질 것으로 말하기도 한다. 이를테면 사회적 트렌드로서의 힐링 정도로 그 이상의 흐름은 아니다라는 입장이다. 오늘날 힐링 열풍은 그저 스쳐가는 문화적 열풍으로 시대를 넘어서기는 어려울 것이라는 전망도 함께 나온다. 그럴 수 있다. 그러나 이제 한국에서 일어나기 시작하는 흐름을 너무 크게 평가한 탓일까? 아니면 힐링 열풍을 너무 크게 보는 것일까 판단하기는 힘들다. 있는 그대로의 흐름을 지켜볼 일이다.

2_ 나의 욕망 인정, 그리고 선택과 비움

김수정 문학박사, 국제사이버대학교 사회복지학과 교수

좇아가는 방법 – 존재감을 드러내기 위해

가톨릭 신자로 영세를 받은 때, 정확히 말하면 12월에 영세를 받고 그 다음해 부활절을 지낸 때를 기점으로 나의 삶은 많이 바뀌었다. 결론적으로 이야기하면 나는 자유와 평화를 얻었다. 내 나이 29살에 영세를 받았으니 내 삶은 30대가 시작되면서 마음의 평화가 시작되었다고 할 수 있다.

흔히 10대를 질풍노도의 시기, 자신의 자아를 찾기 위해 방황하는 시기라고 하지만 나의 방황기는 20대에 시작되었다. 다른 이들과 별반 다르지 않은 삶, 정형화된 학업과 생활을 벗어나 자신만의 삶이 시작되었기 때문이다.

나의 20대는 너무 비참했다. 꽤 공부를 잘 했다고 여기고 집

안 형편, 성격, 외모가 괜찮다고 생각했는데 대학에 들어가 보니 나는 아무것도 아니었다. 단순히 공부를 잘 하는 것뿐 아니라 머리, 집안, 성격도 훌륭하고 게다가 외모까지 출중한 친구들이 너무 많았다. 그 속에서 나는 정말 비루한 존재였다.

존재감을 드러내기 위해 열심히 활동하고 적극적으로 참여하고 결과를 기다렸다. 하지만 대부분의 결과는 나를 실망시켰고 나의 노력과 힘으로 좌우할 수 있는 일이 많지 않다는 사실에 또 한 번 좌절했다. 그래서 더 높은 권력을 좇아가는 방법도 찾아보았다. 그럴수록 조증과 우울이 반복되면서 굉장히 밝고 활발한 나와 남의 시선을 두려워하고 침울한 나를 왔다갔다하는 생활로 나의 내면은 엉망이 되어 갔다.

서른 살이 된 그 해 사순시기는 정말 너무 힘들었다. 영세를 받으면 다 좋아지는 줄 알았는데 주변 상황은 더 나를 힘들게 했고 불안은 더욱 가중되어 갔다. 그러던 중 성삼일 전례가 시작되는 목요일 저녁 제대 위 십자가가 사라지는 순간, 나는 나의 고통에 대해 다른 방향으로 생각하게 되었다. 가장 극단적인 고통에 대해 생각하게 된 것이다. 자신의 처참한 죽음을 미리 알고 받아들인 고통에 비하니 죽음과 직접적으로 관련 없는 나의 고통은 정말 아무것도 아닌 것처럼 여겨졌다.

그 뒤로 나는 나의 고통이 어디에서 오는 것인지 곰곰이 생각해 보았다. 나의 고통의 진원지는 바로 나의 욕망이었다. 무엇을 소유하고자 하고 인정을 얻으려는 나의 욕망. 이러한 나의 욕망은 타인과의 비교 속에서 더욱 강해져왔던 것이다. 그래서 무엇을 성취해도 다른 이와 비교해서 '이렇게 노력했는데 겨우 그것밖에 못 했네.' 또는 '저 사람은 나보다 못한 사람인데 왜 나보다 더 잘 나가지'라는 등의 한탄과 원망을 하였던 것이다.

나의 욕망을 인정하고 충족하는 방법과 양을 선택하고 남은 욕망은 비운다. 그리고 그 결과는 온전히 하느님께 맡기며 결과에 대해 남들과 비교하거나 하느님께 원망하지 않는다. 이것이 내가 마음의 평화를 얻는 방법이며 힐링의 과정이다.

욕망 인정하기

욕망. 국어사전의 뜻으로는, 부족을 느껴 무엇을 가지거나 누리고자 탐하는 것 또는 그런 마음을 말한다. 욕망을 개인적 이유로만 갖는다고 생각하지만 한편으로 살펴보면 타인과의 비교를 통해 갖는 경우도 많고 그로 인해 욕망이 더 거세지기도 한다. 이러한 타인과의 비교를 부추기는 것이 바로 우리가 살고 있는 자본주의 사회이다. 돈이 최고의 가치를 갖는 자본주의 사회는 이윤을 창출하기 위해 계속해서 나의 욕망을 부추겨 소비하게 만든다. 좋은 옷과 명품 가방에서부터 더 좋은 학벌, 잘생긴 남자친구, 그리고 아름다운 레이스가 달린 미사포와 섬세하게 세공된 묵주반지까지도 ……. 나는 나의 진정한 욕망이 무엇인지도 모른 채 자본주의가 만들어 낸 욕망에 넘어간다. 또 그로 인해 상처를 받는다.

그래서 나의 진정한 욕망이 무엇인지 알고자 하는 노력이 무엇보다 필요하다. 다시 말하면 자신도 모르게 자본주의 사회가 나에게 주입시킨 욕망이 무엇인지 인식해야 한다. 강신주의 『상처받지 않을 권리』프로네시스, 2009는 자본주의 사회가 나에게 주입시킨 욕망과 진정한 나의 욕망이 무엇인지 성찰할 수 있도록 도와준다.

강신주 『상처받지 않을 권리』
(프로네시스, 2009)

강신주는 철학박사로 사람들이 어렵지 않게 철학적 사유를 할 수 있도록 도와주는 책을 쓰는 사람이다. 나는 저자를 책이 아닌 강연에서 먼저 만났다. 일상생활에서 경험할 수 있는 삶의 경험을 철학적으로 잘 풀어 설명해주는 데 흥미가 생겨 책을 찾아 읽게 된 경우이다. 고등학생인 조카는 이미 저자의 열렬한 팬일 정도로 젊은 사람들에게 인기가 많다고 한다.

『상처받지 않을 권리』도 우리가 일상을 살아가는 자본주의적 삶에 쉽게 접근하여 생각할 수 있도록 해준다. 문학가 4명의 작품과 삶을 통해 자본주의적 삶이 주는 느낌들을 알려주고 다시 이를 철학가 4명의 이론과 접목시켜 객관적으로 돌아볼 수 있게 도와준다.

곧, 책의 머리말에서처럼 "이상과 짐멜을 통해 자본주의와 도시로부터 우리의 삶이 얼마나 영향을 받는지 확인하고, 보들레르와 발터 벤야민을 통해 유행, 매춘, 도박과 같은 자본주의적 삶의 다양한 편린을 곰곰이 생각해보게 해준다. 그리고 미셸 투르니에와 부르디외를 통해 자본주의로 각인된 사람들의 내면세계를 분명히 들여다보게 한다. 마지막으로 유하와 보드리야르는 소비사회의 유혹적 논리와 그로부터 벗어날 수 있는 가능성에 대해서 생각해보게 한다."

욕망을 드러내는 일은 쉽지 않다. 책을 읽으면서 만나게 되는 나의 욕망에 부끄럽기도 하지만 한편으로는 나의 문제만이 아니라 자본주의 사회로부터 오는 문제를 인식하게 되어 다행이라는 생각도 든다. 인식을 해야 해결의 실마리로 나아갈 수 있다.

선택해도 괜찮아

욕망을 인식하였으면 그 다음 단계는 욕망을 어떻게 해결할지를 결정하는 것이다. 흔히 우리는 욕망을 극복해야 하고 드러내면 안 되는 것으로 여겨왔다. 그리고 우리 한국 사회는 그러한 욕망을 잘 통제한 사람만이 성공할 수 있다고 부추기기도 한다. 하지만 통제된 욕망은 결코 사라지지 않고 은밀히 내면에 잠재되어 있다 어느 순간 치명적인 역습을 가해올 수 있다.

그렇기 때문에 자신의 욕망을 인정하고 조심스럽게 대화하고 적절한 해결방법을 선택하는 것이 필요하다. 『욕망해도 괜찮아』 김두식, 창비, 2012는 바로 욕망에 대한 저자 자신의 고백이며, 또한 책을 읽는 독자들이 한 번씩은 느껴보았을, 그래서 더 공감이 되는 욕

김두식 『욕망해도 괜찮아』
(창비, 2012)

망들에 대한 이야기이다.

김두식은 법대 교수로 검사, 변호사, 근본주의 기독교의 세계에서 살아온, 어떻게 보면 사회의 가장 큰 권력 속에서 살아온 사람이다. 그러나 그는 그러한 권력에 대해 근본적인 물음을 제기하고 사회적 약자의 인권에 대해 이야기하는 사람이다. 내가 좋아하는 글쓰기를 하는 사람이기도 하다.

『욕망해도 괜찮아』는 영화 〈색, 계〉를 보고 저자가 내면의 욕망색과 남에게 그럴듯하게 자신을 포장하려는 규범계 사이를 생각하게 되면서 쓴 글이다. 6개월 동안 인터넷 블로그에 연재했다가 그 글들을 모아 출판했다. 2012년 한 해 동안 내가 가장 재미있게 읽었던 책이고 가장 많이 지인들에게 선물한 책이기도 하다.

저자는 자신의 경험을 이야기하면서 욕망과 규범의 이야기를 풀어 나가는데 그 경험 중의 하나가 나의 경험과 비슷했다. 저자의 어머니가 암환자로 수술해서 병원에 입원했을 때의 이야기이다. 우리나라 대형병원은 건강보험 급여가 적용되는 병실의 수가 늘 부족하다. 그래서 병원에 입원하는 환자들은 일단 1-2인실에 있다가 자리가 나면 4-6인실로 옮기게 된다. 저자의 어머니도 마찬가지로 1인실에 있었는데 자리가 나도 2-4인실로 옮기자는 이야기를 하지 않으셨다. 원래 합리적인 생활을 하신 분이라 의아해 했는데 어머니는 자식들이 다 성공교수로 재직했고 교회 사람들도 다들 찾아와 예배도 드리는데 2-4인실로 옮기면 자신과 자식들의 명예가 떨어진다는 이유였다. 눈덩이처럼 불어나는 병원비가 아까웠지만 어머니의 명예를 위해 병실을 옮기지 않았고 다행히 입원 기간이 길지 않았다는 이야기이다.

나는 반대의 경험을 했다. 아버지가 암으로 진단을 받으셔서 위급하게 치료를 받아야 하는 상황이었고 역시 처음에는 2인실에 계셨다. 상태가 어느 정도 안정되고 입원기간이 길어지자 비급여인 2인실에서 부모님은 급여가 적용되는 6인실로 옮기기로 결정하셨다. 그 순간 나는 여동생과 조용히 걱정했다. 위급한 시기를 지나서 이제 다른 사람들도 많이 문병을 올 텐데 6인실은 너무 하지 않느냐며 부모님 체면도 있는데 그냥 2인실에 있으면 좋겠다는 이야기를 나눴다. 부모님의 체면이라고 이야기했지만 사실은 나와 동생의 체면, 다른 사람들에게 잘 보이려고 하는 우리의 욕망이었던 것이다.

저자와 내가 입장이 달랐던 것은 병원비를 부담하는 주체의 차이였다. 저자는 본인과 형제들이 병원비를 부담하는 상황이어서 체면보다 돈이 더 중요했지만 나와 동생은 부모님이 병원비를 부담하는 상황이어서 돈보다 체면을 중요하게 여겼던 것이다. 사실 의료비용은 엄청 났다.

아버지가 처음 3주 입원해서 치료받으시는 동안 나온 병원비는 입원비와 치료비를 포함해서 600만원이 넘었다. 급하게 치료

해야 하는 부분이 있는데 이것은 대부분 건강보험 비급여 항목이 많았고 대학병원이어서 특진비를 포함하게 되니 금액이 상당했다. 그 이후로도 항암치료와 방사선치료를 받고 검사를 하면서 의료비 지출은 더 추가되었다. 그나마 암이 중증질환으로 분류되어 건강보험 급여 적용을 받는 부분이 있어서 다행이었지 건강보험 급여 적용을 받지 못했다면 아마 의료비는 더욱 엄청났을 것이다. 우리나라 건강보험 제도의 필요성을 뼈저리게 느낀 계기가 되었고 건강보험 제도에 대해 정말 감사했다.

실제로 많은 중산층 가정들이 빈곤으로 떨어지는 많은 계기가 의료비 부담이다. 가끔 복지재단 등에서 부탁받은 생활비 지원 심사를 하곤 하는데, 그때 심사대상 가족이 빈곤으로 떨어진 내력을 보면 대다수가 의료비 부담으로 인해서이다. 가족 중에 큰 질병을 가진 사람을 치료하기 위해 장기간 많은 의료비가 필요하게 되고 이런 경우 그 치료가 비급여인 경우도 많아 의료비 부담이 가중된다. 그와 동시에 환자뿐만 아니라 보호자도 간병을 위해 일을 예전처럼 하지 못하게 되어 소득이 더 줄고 지출은 기하급수적으로 늘어나 결국 가난으로 떨어지게 되는 것이다. 우리나라 건강보험 제도의 보장성은 매우 낮다. OECD 평균이 80%인데 우리나라는 62.7%에 머물러 있다. 향후 건강보험의 보장성 강화는 생존을 위해 그리고 미래의 빈곤을 막기 위해서도 필수적이다.

저자는 욕망이 B형간염 바이러스와 같다고 말한다. 자각해서 살살 달래면서 살면 문제가 없는데 바이러스를 잡겠다고 하면 면역세포의 과대한 투쟁으로 몸을 망치거나 아예 방치해서 만성간염,

간암으로 발전시키면 안 된다는 것이다. 자신의 한계를 인식하고, 자기 자신을 인정하고, 내면에 꿈틀거리는 욕망을 잘 다독이며, 자신만의 공간을 지키고, 깊은 내면을 이웃들과 나누다 보면 서로를 이해하는 동지들이 생긴다고 저자는 이야기 한다. 그리고 "그런 개인들과의 작은 연대가 싹트고 나면, 이 험한 정글 속의 삶도 한결 견딜만 합니다."라고 믿는다.

비우고 맡기기

"가야할 때가 언제 인가를 분명히 알고 있는 이의 뒷모습은 얼마나 아름다운가."이형기 「낙화」 정말 아름다운 말이다. 동시에 가장 필요하지만 실천하기 어려운 말이기도 하다. 자신의 욕망으로 인해 떠나야만 하는 그때를 알지 못하거나 찾지 않는 것이 우리를 힘들게 한다.

이미 앞서 자신의 욕망을 인식하고 욕망과 대화를 나누며 적절하게 욕망을 해결할 방법을 찾았다면 그 나머지는 비워야 한다. 이것은 쉽지 않다. 아니 상당히 어렵다. 그래서 의식적으로라도 자신의 욕망을 비우려고 노력해야 한다. 비우기 어려운 욕망 중 하나가 다른 사람으로부터 인정을 받으려는 욕망이라고 생각한다. 왜냐하면 이 욕망은 나 스스로 나의 존재에 대해 확신하지 못하고 내가 존재하고 중요하다는 증거를 타인의 인정으로 찾고자 하는 욕망이기 때문이다. 그리고 타인의 인정이란 타인의 의지와 생각이 결정하는 것이기에 나의 의지대로 강요하거나 생각대로 움직일 수 없다는 점에서 더 불안하고 채우기 힘든 욕망이다.

송봉모 『미움이 그친 바로 그 순간』
(바오로딸, 2010)

나를 인정해주고 중요하다고 말해주는 욕망이기 때문에, 타인에게 인정받으려는 욕망은 그것이 충족되지 않았을 때 내가 인정받고 싶어 했던 그 대상을 향한 미움으로 전환된다. 타인에게 인정을 받으려는 욕망이 클수록 충족되지 않았을 때 그 대상에 대한 미움도 커진다. 그리고 나라는 존재를 미미하게 만들기 때문에 인정받고자 욕망했던 대상으로부터 인정받지 못하면서 받은 상처는 더욱 크고 상처가 큰 만큼 그 대상을 용서할 수 없다. 그러나 나의 욕망으로 인해 받은 상처이므로 용서하지 않으면 더욱 상처를 받는 것은 내 자신이다.

그러므로 용서를 통해 타인에게 인정받고자 하는 욕망을 비워내야 한다. 용서는 자기 자신을 위해서 필요하다. 용서를 도와줄 수 있는 책이 『미움이 그친 바로 그 순간』송봉모, 바오로딸, 2010이다. 이 책은 상처와 용서에 대한 이야기로 가톨릭 신부인 저자가 심리치료와 개인성찰 그리고 사목자로서 상처받은 사람들의 신앙상담을 하며 갖게 된 경험적 지식을 바탕으로 쓰였다.

나는 무엇보다도 용서에 대한 오해를 설명해준 것과 자기 사랑을 강조한 점이 마음에 와 닿았다. 특히 용서에 대해 내가 가지고 있는 오해를 알려줌으로써 마음 편하게 용서할 수 있도록 해주고 나의 욕망을 비울 수 있게 도와주었다.

내가 용서에 대해 가지고 있었던 오해 중 하나. '용서는 곧 화해다.' 많은 사람들이 용서와 화해를 동일시하지만 용서했다고 반드시 화해가 이루어지는 것은 아니다. 용서를 통해 화해까지 나아갈 수 있다면 더 좋지만 화해는 나 혼자만의 노력으로 이루어지는 것이 아니라 쌍방의 노력으로 이루어지기 때문이다. 그래서 용서한다는 것이 내게 상처 준 사람을 꼭 찾아가서 화해하라는 의미는 아니다.

또 하나의 오해. '용서했으면 다 잊어야 한다.' 용서했다고 해서 과거 기억을 다 잊으라는 것은 아니다. 나에게 상처 준 사람이 공간적으로 나와 함께하는 사람이라면, 상대방이 똑같은 잘못을 다시 저지르지 않도록, 또 다른 가족에게 같은 잘못을 저지르지 않도록 하기 위해 기억해야 한다. 용서하지만 상처 준 사건을 잊지 않는 것은 우리를 보호하기 위해서이다.

그리고 미움의 대상을 용서하고 사소한 상처를 받지 않으려면 '자기 사랑과 자기 존중'을 우리 안에서 계속 계발할 필요가 있다고 저자는 말한다. 자기 사랑은 이기심이나 자기중심적 태도와는 다른 것이므로 주님의 시선으로 자신을 바라보고 자기 존중감을 높이려는 노력들을 해야 한다.

용서와 관련해서 나는 하나를 덧붙이고자 한다. 우리는 항상 다른 이들과 관련되어 있는 사회에서 살아가고 있다. 따라서 자신도 모르게 저지르는 잘못들이 있을 수 있다. 예를 들면 나와 사랑하는 남자를 사랑하는 다른 여자가 있을 수 있는데 우리의 뜨거운 사랑은 그녀에게 큰 상처를 줄 수도 있을 것이다. 또는 한정되어 있는 물질로 인해 내가 정당하게 돈을 벌었을지라도 그만큼의 돈을 어느 누군가는 잃었을 수도 있으며 그 과정과 방법이 그 사람에게는 상처가 될 수도 있다. 따라서 내가 타인을 용서하는 행위는 곧 나의 죄를 용서받는 행위와 연결된다고 생각한다.

그러므로 나와 관련된 모든 일의 결과를 주님께 맡기면서, '저희에게 잘못한 이를 저희가 용서하오니 저희 죄를 용서하시고'라며 주님의 기도를 드리고, 고해성사 때 '알고 지은 죄 모르고 지은 죄 모두를 용서해 주십시오.'라고 간청한다.

3_ 일어나 움직이라, 몸이 그대를 구원하리니……

박문수 문학박사, 한국가톨릭문화연구원 부원장

몸이 고달파지면

몸이 고달파지면 어김없이 꿈에 산이 나타난다. 이런 꿈을 꾸면 짬을 내 산을 오른다. 조금 시간이 길게 날 때는 먼 산, 그럴 시간이 없을 때는 가까운 산에 오른다. 가능하면 평일 한가한 시간을 택해 오래 능선을 타거나 사람 눈이 닿지 않는 계곡에 숨어 하염없이 앉아 있다 온다. 그러고 난 뒤 집에 돌아와 씻고 한 잠 푹 자고 나면 몸과 마음의 피로가 깨끗이 사라진다. 그것으로 다 풀리지 않을 때는 하루 이틀 더 집에서 빈둥댄다. 가족들이 모두 나간 집에서 눈에 띄는 일들을 정리하고, 먼지 쌓인 서가들을 청소하다 보면 나머지 피로도 말끔히 풀린다.

청년 시절에는 걷기를 좋아해 토요일엔 경기도 광주에 있는 천진암 성지를 자주 순례하곤 했다. 삼십어 년 전 이 성지는 교통이 안 좋아 사람들이 거의 찾지 않는 한적하기 이를 데 없는 곳이었다. 하남에서 광주로 이어지는 국도변에서 내려 천진암까지 가려면 거의 삼십여 리를 걸어야 한다. 성지에 도착해 성조들의 묘까지 올라가는 길도 가깝지 않아 그곳에 한 번 가면 거의 팔십 리를 걸어야 했다.

나는 당시 바쁜 일이 없던 터라 천천히 걸으며 나의 성소를 생각하곤 했다. 간절한 일이 있을 때는 묵주알을 굴리기도 했다. 그렇게 걷고 집에 돌아오면 무엇인지 모를 충만함으로 기분이 좋았다. 풀리지 않던 일들이 저절로 해결되는 경우도 많았다. 가장 좋았던 일은 엉킨 실타래 같았던 생각들이 말끔히 정리되는 것이었다.

청년 시절부터 갖고 있는 이 습관 탓인지 나는 요즘도 육신과 정신이 피로하거나 일이 잘 풀리지 않으면 몸을 움직인다. 특히 걷기는 내게 큰 기쁨이자 치유의 수단이다.

마음과 육신은 하나

내가 참여하는 학회에서 여러 이유로 인해 피로에 지친 이들에게 정신적으로나 육체적으로 새로운 활력을 불어넣어 줄 수 있는 프로그램들을 개발하고 있다. 나도 관심이 많아 참여를 신청하고 나름 좋은 방법들을 찾고 체험하는 중이다. 내가 그리 한다고 소문을 내니 여러 곳에서 다양한 분들이 재미있는 이야기들을 들려주었다.

내가 참여하는 어느 교회 모임에서 친한 신부님이 들려준 이야기다. 이 신부님은 사회복지 봉사자들을 위한 피정을 가끔 지도하신다. 이분이 처음 피정 의뢰를 받았을 때 의욕이 과한 나머지 2박 3일 동안 조금도 쉴 틈을 주지 않고 좋다는 강의와 프로그램들로 시간표를 가득 채웠다. 그런데 정작 참가자들의 반응은 신통치 않았다. 다들 졸거나 지친 표정으로 마지못해 참여하고 있었던 까닭이다. 이들이 끝나고 내린 평가 결과도 실망스럽기 짝이 없었다. 너무 당혹스러워 다신 맡지 않으려 했는데 오기가 나 원인을 찾아보았다고 했다.

여러 참가자들과 그들이 일하는 직장에 물었더니 이들에게는 당장 편히 쉬고 피로를 푸는 일이 더 시급하다는 답이 돌아왔다. 실제 현장에 가보고 나서 그 말이 무슨 뜻인지 잘 알 수 있었다. 이후 이 신부님은 프로그램을 대폭 수정하였다. 30% 정도만 강의나 신앙 프로그램으로 진행하고 나머지는 산책, 등산, 그리고 혼자 쉴 수 있는 시간으로 짰다. 이렇게 프로그램을 바꾸고 음식, 간식, 말 한마디 모두에 신경을 썼더니, 이제는 가장 인기 있는 프로그램이 되었다.

현장에서 일하는 사회복지사들은 이용자들의 온갖 불만과 타박을 참아야 하고, 어떤 때는 억지를 부리며 상전 행세를 하는 이들에게 모욕을 당하기도 한다. 그런데도 이런 불손한 고객들을 거부할 권한이 없어 감정적으로나 육체적으로 소진되고 만다. 말이 '휴먼 서비스human service'지 정작 이들에게는 '비인간적인 감정 노동'일 뿐이다. 이런 일은 사람을 상대해야 하는 직종 어디에서나 일어난다. 이렇게 사람들에게 시달리다 오면 아무리 고상한 이야기도 졸음만 부를 뿐이다.

어느 수녀님은 연年 피정을 시작하면 잠부터 늘어지게 자는 수녀들 때문에 당황했던 경험을 들려주었다. "명색이 수도자인데 어찌 피정에 와서 잠을 잔단 말인가?" 이 수녀님은 이들이 괘씸하고 답답해 일일이 면담을 요청했다. 처음에는 야단을 칠 요량으로 그랬는데 이야기를 듣고 보니 오히려 미안한 생각이 들었다고 한다.

이들의 말인 즉, 일도 일이지만 공동체에서도 선배나 어른들을 모시고 있어 편히 쉬지 못한다는 것이다. 그런데 이런 휴가나 피정은 남 눈치 안보고 푹 쉴 수 있어 긴장이 풀어진다고 했다. 그 수녀님은 이들의 이야기를 듣고 나서부터 피정에 와 잠을 자는 수녀님들을 더 이상 나무라지 않았다고 한다. 눈총은커녕 먼저 나서서 푹 자고 잘 쉰 다음 기도하고 싶을 때 기도하라 권했다고 한다.

내가 친하게 지내는 한의사가 하는 일이다. 이 친구는 가끔 상담심리를 전공한 심리학자들과 함께 치유 워크숍을 진행한다. 의사가 상담심리사와 환자에게 슈퍼비전을 제공하는 이 방식은 치료 효과가 커 제법 인기가 있다.

이를테면 이런 식이다. 먼저 참가자가 상담사에게 상담을 받는다. 여러 이야기를 나누는 동안 한의사는 병의 원인이 된 이력을 같이 들으며 관찰을 통해 환부를 찾는다. 상담을 마치면 한의사가 침이나 물리치료를 통해 환자를 치료하고 동시에 상담가로서도 조언을 해준다. 이 과정에서 처음에는 심리적 원인인 줄 알았다 몸에 든 병이 원인이고, 또 어떤 때는 그 병이 마음의 상처에서 비롯되었다는 사실이 드러나기도 한다. 몸과 마음이 서로 영향을 주고받는다는 지극히 평범한 사실을 치료에 응용한 경우이다.

타인의 불행에 동참함으로써 얻는 치유

힘든 곳에서 자원봉사를 하는 이들을 만날 때면 산다는 일이 얼마나 아름다운 일이고 숭고한 일인지 깨닫게 된다. 무엇보다 사람은 근본적으로 선한 존재라는 사실을 새삼 확인하게 된다. 몇 년 전 교회에서 운영하는 무료병원에서 잠시 일을 도울 때였다. 이곳에는 십년 이상 무급으로 자원봉사를 하는 평신도들이 제법 있었다. 그들은 전관예우로 호의호식할 수 있는 위치에 있었음에도 모든 특권을 포기하고 이름도 빛도 나지 않는 일을 하고 있었다. 그들뿐 아니라 매일 와서 접시를 닦아 주는 이, 목요일이면 노숙인들의 무료급식을 책임지기 위해 새벽부터 애를 쓰는 수백 명의 봉사자들이 있었다.

자주 가다 보니 이분들과 이야기할 기회를 가질 수 있었다. 이때 이들로부터 들은 한결 같은 이야기는 자신들이 노숙인들로부터 봉사를 받는다는 말이었다. 처음에는 자신이 봉사하는 위치에 있다는 사실이 자랑스럽고 또 그 사실을 자랑했다고 한다. 솔직히 자신이 이들의 처지와 같지 않다는 사실이 감사해서, 아니 성공한 자로서 '노블레스 오블리주noblesse oblige'를 실천하는 일이 기쁨을 주었다고 했다. 그러나 시간이 흐를수록 자신의 처지가 이들보다 낫지 않고, 무엇보다 이들의 불행이 자신의 탓일 수 있다는 사실을 깨닫게 되면서 이제는 겸손을 배운다고 했다. 예수님이 왜 이들을 자신과 동일시하셨는지도 이젠 알 것 같다고 하였다. 그러면서 만일 이런 기회가 없었다면 자신이 내적으로 성장할 수 있는 기회를 전혀 갖지 못했을지 모른다며 고마워하였다.

평범한 일상을 살아가다 어느 날 갑자기 불행한 이들을 목격하고 인생이 바뀐 이들도 있다. 노동운동가 도로시 데이, 요셉의원의 설립자 선우 경식, 프랑스 노숙자의 아버지 아베 피에르 신부, 소화 수녀회의 창설자 김준호 요셉 같은 이들이다. 이들은 타인의 고통을 통해 구원을 받은 이들이다. 이들은 타자의 고통에 깊이 공감함으로써 인간의 깊은 본질을 이해하게 되었다. 그들은 타자와 자신을 동일시하며 자신을 조건 없이 내어주는 삶을 통해 인간의 본모습을 찾았다. 아마도 이런 선택이 근원적 치유에 더 가까울 수 있으리라.

제대로 나으려면 아팠던 원인부터 찾아야 하는 법이다. 사람이 그저 살덩어리가 아니니 병의 원인도 다양할 터. 자연과 사회의 경계에 선 인간은 심리적 원인 외에도 자연의 공격, 정치 사회 경제적인 원인들이 교차하는 문제 등으로도 아프게 된다. 원인이 이처럼 여럿이니 해법도 그만큼 다양해야 할 밖에. 그래서 나는 육체적 차원과 사회구조적인 차원에서 치유를 도울 수 있는 책 두 권을 소개하고자 한다.

걷기와 치유

2005년 생일 때였다. 프랑스 친구인 에릭이 생일 선물이라며, 베르나르 올리비에의 『나는 걷는다』 1, 2, 3권 효형출판, 2003이라는 책을 보내왔다. 축일은 챙기되 생일은 거르는 생활을 오래 했던 터라 선물이 낯설면서도 반가웠다. 포장을 뜯어보니 짧은 축하 글 뒤에 이런 말이 덧붙어 있었다. "불어 원서로 된 책을 읽다 자네 생각이 나서 마침 한글로 번역본이 나왔기에 보내네."

에릭은 한국 여자와 결혼해 KIST에 근무하였는데 우연히 아이를 매개로 알게 된 친구다. 나와 동갑인데다 생일도 보름 밖에 차이 나지 않고, 산을 좋아해 함께 자주 산을 오르고 가족끼리 여행도 자주 다니는 사이다.

나중에 만나 추천 이유를 들어 보니 이랬다. "나도 베르나르처럼 자유롭게 지구상의 오지를 떠돌아다니고 싶었는데 살다 보니 이렇게 매여 답답했었지. 그런데 우연히 아마존에서 책 검색을 하다 이 책이 나왔기에 주문했어. 그저 걷는 이야기일 뿐인데 읽다 보

베르나르 올리비에 『나는 걷는다』 1, 2, 3권
(효형출판, 2003)

면 마치 내가 그곳을 걷는 것처럼 느껴졌어. 세 권이나 되는 두꺼운 책을 쉬지 않고 읽었으니 내 마음속에 어디론가 멀리 떠나고 싶은 욕구가 그만큼 컸던 게지. 읽다 보니 자네도 나와 비슷해 이 책을 좋아할 것 같았어. 그래서 묻지 않고 사서 보냈지. 나중에 같이 이런 길을 걸을 수 있으면 좋겠네."

일 때문에 드문드문 했는데 그래도 보름 만에 다 읽었다. 직접 체험한 이야기가 아님에도 저자가 길을 걸으며 느끼고 생각했던 일들이 마치 나의 일인 듯 다가왔다. 이토록 단순하고 평범한 이야기가 나를 사로잡을 줄 예전에는 상상도 못했다.

올리비에는 1938년에 프랑스의 가난한 집에 태어나 어릴 때부터 고생이 많았다. 가난 때문에 독학을 선택했고, 독학으로 대학에 입학하여 기자 수업을 받았다. 대학 졸업 후 30여 년 동안 프랑스 유명 신문사와 잡지사에서 기자로 활동하다 1999년 예순두 살 때 실크로드를 걷기로 결심한다. 그는 터키 이스탄불에서 중국 시안까지 만이천 킬로미터에 이르는 길을 무려 1,099일 동안이나 걸었다. 그 체험기가 이 책이다.

올리비에는 이를 시작으로 걷기를 통해 정신의 해방뿐 아니라 자신의 본질을 발견하는 체험을 하게 되었다. 그는 이 경험을 바탕으로 소년원에서 출소한 범죄 청소년들을 돕는 교정시설 '쇠이유Seuil－우리 말로 시작 혹은 문턱이라는 뜻이다.'를 운영하고 있다. 쇠이유는 출소 청소년이 3개월 동안 해외에서 2,000㎞를 걸으면 석방하는 교정 프로그램이다. 이 프로그램을 거쳐 간 청소년들의 재범률이 일반 범죄 청소년의 1/6 수준에 불과할 정도로 치유 효과가 탁월하다.

우리나라에도 몇 년 전부터 걷기 열풍이 시작되었다. 제주 올레길에서 시작된 걷기 열풍은 지리산 둘레길을 거쳐 이제는 지방마다 토속적인 이름을 붙인 순례길들로 이어지고 있다. 큰 비용이 드는 스페인의 '카미노 데 산티아고Camino de Santiago'를 다녀온 이들도 제법 있다고 하니 이제 걷기는 하나의 삶의 방식이 된 듯하다.

하고 많은 여가 활동 중에 걷기에 열중하는 까닭에는 여러 가지가 있을 터이다. 그 중에서 내게는 이 책의 저자 올리비에가 2012년 한국에 와 한 이야기가 설득력이 있다. "한국에서 걷기가 인기를 끄는 건 우연이 아닙니다. 가난한 나라에서는 아직 걷기가 레저 활동으로 인정받지 못합니다. 그건 걷기가 두 발을 움직이는 물리적 행동을 통해 자신을 돌아보는 정신적 행동이기 때문입니다. (경제적으로 성장한) 한국 사회가 성찰이 필요한 시대에 접어들었음을 뜻한다고 생각합니다."〈중앙일보〉, 2012.10.31.

걷다 보면 누구나 자신을 되돌아보게 된다. 멀어지거나 잊어

버린 자신을 발견하게 된다. 게다가 걷기에는 차별이 없다. 도보 길에서는 누구나 평등하니 말이다. 이처럼 누구도 대신해 줄 수 없다는 면에서 인생과 걷기는 닮아 있다.

많은 순례기들 가운데 굳이 이 책을 권하는 이유는 단순함 때문이다. 감상을 강요하지 않는 단순함. 그래서 읽다 보면 저자와는 별개로 나도 그 길을 걸으며 자신을 성찰하게 된다.

타인의 고통과 구원

아베 피에르의 『단순한 기쁨』백선희 옮김, 마음산책, 2001은 몇 년 전 사순절 때 읽게 된 책이다. 피에르 신부는 1912년 프랑스 리옹에서 태어나, 19세에 카푸친 수도회에 입회하여 6년 반의 수련기와 유기서원기를 거쳐 종신서원과 함께 사제품을 받았다. 그는 서품을 받은 직후 몇 달 동안 수도원을 벗어나 리옹 가톨릭 신학대학에서 수학하게 되는데, 이때 평생 스승인 당대 석학이자 가톨릭 신부인 앙리 드 뤼박을 만나 큰 영향을 받게 된다. 이 인연으로 그는 수도회에서 그르노블 교구로 전속한다. 그는 보좌 신부시절인 1941년 레지스탕스에 가입하여 활동하며 유대인들을 구출하는 데 앞장섰다. 전후에는 6년 임기의 국회의원에 당선되어 빈민과 노숙인들의 주거운동에 투신하였다. 이즈음 그는 엠마우스라는 공동체를 창설 2007년 1월 96세로 생애를 마칠 때까지 집 없는 이들, 소외된 이들과 함께 살았다.

피에르 신부는 가난한 이들과 집 없는 이들의 고통에 민감하였다. 그는 필요성을 느끼면 즉각 행동하였다. 그는 성직자의 신분으로 레지스탕스에 가입하여 활동하였고, 가난한 이들을 위해서라면 정치 참여도 망설이지 않았다. 그는 이렇게 직접 행동했고 이 때문에 교회 안팎에서 수많은 오해와 비난을 받기도 했다. 그는 자신이 설립한 공동체 엠마우스 안에서 모든 특권을 포기하고 스스로 가난한 이로 살았다. 가난하지 않았으나 스스로 가난을 선택하며 그들과 같은 운명이 되고자 했다. 그는 필요할 땐 늘 수도원에서 절대고독의 시간을 가졌다. 투신이 필요할수록 그는 이런 시간을 더 많이 가졌다.

아베 피에르『단순한 기쁨』
(백선희 옮김, 마음산책, 2001)

그의 단순하나 철저한 자기 비움의 삶은 타인의 고통에 진심으로 공감하는 이의 모습을 담고 있다. 다음의 글이 그의 이러한 모습을 잘 보여준다.

나는 신자라고 부르는 사람들과 우리가 또는 그들 스스로 비신자라고 부르는 사람들 간에 근본적인 구분이 없다고 확신한다. '자신을 숭배하는 자'와 '타인과 공감하는 자' 사이의 구분이 있을 뿐이다. 타인의 고통 앞에서 고개를 돌리는 사람들과 타인을 고통으로부터 구하기 위해 싸우는 사람들 사이의 구분이 있을 뿐이며, 사랑하는 사람과 사랑하길 거부하는 사람들 간의 구분이 있을 뿐이다.

아베 피에르 신부의 삶은 단순하다. 앞에서 인용한 글에서 볼 수 있듯이 진정으로 타인의 고통에 공감하는 사람은 자신을 내주는데 주저하지 않는다. 이기적 인간이 이타적 인간으로 변하는 것이다. 실제로 신하느님을 만난 사람들이 아니 만나는 사람들의 공통적인 특징은 바로 자신을 조건 없이 내주는 모습이다. 이것이 그리스도교에서 추구하는 구원의 상태이자, 진정한 치유의 상태라 할 수 있다. 그러니 일시적 감정의 움직임만으로 치유를 논해서는 곤란하다. 이렇게 공감을 넘어 삶의 변화로 이어지고 이것이 다시 자신의 삶의 방식이 될 때 우리는 본래의 자기를 찾을 수 있다.

근원적인 치유를 향해

종교가 제도화되고 신앙생활의 많은 일들이 형식화되면 사람들은 순례를 떠난다. 좋은 말도 오래 들으면 피로하기 때문일 터. 일상이 너무 지루하거나 몸이 고달플 때도 말 대신 그저 말없이 걷는 게 좋다. 온갖 좋은 물건, 음식, 혹은 재미있는 일들이 있어도 어느 순간 이 모든 것들이 허망해질 때가 있다. 요즘과 같이 누가 강요하지 않아도 스스로 살아남기 위해 자기 최면을 걸어 과잉 긍정에 빠져 있을 때도 조용히 멈추고 말없이 걸어 볼 일이다. 그리고 몸을 움직여 볼 일이다. 그보다 더 나아가 타인의 고통에 동참해 볼 일이다.

그러면 이제까지와 다른 자신을 만나게 될 터이다. 일시적 위안이 아닌 오래도록 나를 지탱시켜 줄 그 무언가를 깊은 내면에서 발견하게 될 것이다. 이를 일컬어 종교에서는 구원이나 해방이라 불렀다. 요즘은 이를 힐링이라 부르고 싶어 한다. 그런데 값싼 힐링 기법들이 넘치다 보니 정작 힐링이 필요한 순간에 소중한 기회들을 놓치고 있다. 이런 힐링 기법들은 치유의 범위를 너무 좁은 테두리 안에 가두고 있다.

아프게 한 원인이 여럿이듯 힐링 방법도 다양할 수밖에 없고 또 그러해야 한다. 어느 하나를 만병통치약으로 받아들일 게 아니라 삶의 모든 차원을 다 망라해 보아야 하겠다. 그 가운데서도 우리가 사는 사회의 다양한 차원들, 즉 구조적 차원을 살피는 게 중요하다. 이 차원까지를 포괄할 때 힐링은 일시적으로 천국을 경험케 하는 아편이 아니라, 진정한 구원에 다가갈 수 있는 일이 될 수 있다.

4_ 고전古典에서 얻는 진정한 힐링

– 『논어論語』와 『장자莊子』를 중심으로 –

오지섭 문학박사, 서강대학교 종교학과 대우교수

'힐링' – 또 다른 병증

힐링healing, 분명 영어인데 그리 낯설지 않다. 웬만한 사람이면 다 알아듣는다. 더군다나 요즘에는 온갖 상황에 힐링이라는 말을 끌어붙인다. 인터넷 검색 사이트에 힐링을 쳐보았다. 힐링 캠프, 힐링 스테이, 힐링 여행, 힐링 테라피, 힐링 요가, 힐링 리조트, 멘탈 힐링, 힐링 스톤스파, 힐링 기부, 힐링 모션, 힐링 올레, 힐링 콘서트, 힐링 영어…….

이 말 저 말을 그럴듯하게 연결시켜 신조어를 만드는 것이 요즘 추세라지만, 어떤 단어는 정말 이것이 무엇을 말하려는 것인지 감을 잡기 힘들다. 다분히 상업적인 의도라는 것을 감안하더라도, 그 일과 힐링이 도대체 무슨 연관인지 이해할 수 없는 것도 있다. 애당초 힐링이 어떤 의미를 지니는 것인지 헷갈릴 지경이다.

온갖 상황에서 힐링을 부르짖어야 할 정도로 현대인은 심각한 중증 상태인가? 분명 현대인의 삶이 고단하고 거칠어진 것은 사실이다. 그래서 위로와 치유가 절실한 상황임에 틀림없다. 그래도 이렇게 난무하는 힐링의 세태가 또 다른 병증을 만들고 있는 것은 아닌지 걱정된다. '힐링' 그 자체에 대한 힐링이 필요한 우스꽝스러운 상황은 아닐지…….

가장 단순하고 기본적인 의미에로 되돌아가기

이렇게 의도치 않게 상황이 복잡해졌을 때는 가장 단순하고 기본적인 의미에로 되돌아가는 것이 문제 해결의 실마리인 경우가 많다. 이번에도 한번 그렇게 해보자. 난무하는 이런저런 힐링들을 헤치고 가장 단순하고 기본적인 힐링의 의미를 찾아들어가 보자. 애당초 힐링은 무엇을 위한 것이었는가? 현대인에게 힐링이 절실해진 가장 기본적인 문제 상황은 무엇인가?

어느 시대이든 인간의 삶은 고달프다. 유독 현대인들만이 삶을 힘들어하는 것은 아니다. 그런데도 현대에 유별나게 힐링이 부각되는 이유는 무엇일까? 너도 나도 아프고 지쳤다 소리치면서 힐링을 갈구하는 원인은 무엇일까?

우선은 극도로 복잡하고 각박해진 물질중심의 생활 조건이 문제이다. 현대인은 이런저런 일들이 어지럽게 얽힌 한 가운데에서 매 순간 치열하게 생존해가고 있다. 갈수록 삭막하고 무미건조하게 사물화 하는 삶의 조건 속에서 현대인은 메마르고 지치고 상처받기 쉽다.

하지만 보다 근원적인 원인은 현대인이 '궁극적 의미'를 상실했기 때문이라고 할 수 있다. 동서고금을 막론하고 인간이라면 누구나 지니는 질문이 있다. 인간이란 무엇인가, 인간은 왜 태어나는가, 인간의 삶은 어떤 의미를 지니는가, 어떻게 사는 것이 참된 삶인가, 이 세상은 어떻게 구성되어 돌아가고 있는가, 무엇이 진리인가……. 이러한 질문에 대한 적합한 답이 곧 '궁극적 의미'라고 할 수 있다. 인간과 세상이 지니는 근원적 의미이다.

다시 말해 '궁극적 의미'는 우리 인간이 이 세상을 어떻게 이해하고 어떤 삶을 살아야 할지 기본 원리와 방향을 제시해준다. 현대인은 물질적 가치들에 함몰된 치열한 삶의 조건을 강요받으면서 언제부터인가 '궁극적 의미'를 상실한 채 살고 있다. 이런 상황이 한계에 이르면 삶은 더 이상 아무런 의미를 주지 못하고 단지 삭막하고 고단한 일상의 반복일 뿐이다.

결국 오늘날 힐링의 핵심은 인간과 세상에 관한 '궁극적 의미'를 상실한 현대인의 문제이다. 그럼에도 불구하고 현재 난무하는 힐링이 문제의 핵심을 정확히 맞추고 있는지 우려된다. 단지 심리적 위안과 정신적 평안을 만들어 내려는 요즘의 힐링이 삶의 의미를 상실한 현대인의 문제를 근원적으로 해결해주고 있을까? 병의 근본 원인을 치료하지 않고 단지 진통제로 당장의 고통을 무마하는데 그치는 것이지 않을까?

어느 평론가는 이러한 현대 힐링의 문제를 '기만적인 힐링'이라고 표현했다. 현대인의 삶을 고단하고 힘들게 만드는 실제적인 문제 상황들을 구조적, 제도적으로 해결하려는 노력을 함께 이루는 것이 진정한 힐링이라는 주장이다. 물론 이러한 주장처럼 현대 삶의 조건을 변화시키기 위한 노력도 필요하다. 하지만 보다 근원적으로는 궁극적 의미를 되찾는 일이 중요하다. 인간과 세상에 관한 궁극적 의미를 되찾는 것이 현대인의 문제를 근원적으로 해결하는 진정한 힐링일 것이다.

고전에서 읽는 인간과 세상의 궁극적 의미

이런 맥락에서 고전 읽기는 현대인의 문제를 근원적으로 해결하는 진정한 힐링으로서 의미를 지닐 수 있다. 어떤 책을 고전이라 하는지에 관해서는 저마다 기준이 다르다. 그래도 가장 기본적으로는 '세월이 지나도 여전히 의미를 지니는 책'이라는 점을 강조할 수 있다. 시대를 넘어 인간과 세상에 대한 근원적 의미를 전해주고 있기 때문이다. 고전은 현대인이 한동안 잊고 있던 '궁극적 의미'를 되찾을 수 있도록 도와줄 것이다.

동양과 서양의 주옥같은 고전들 중에서 우선 『논어』와 『장자』에서 만나는 힐링의 의미를 소개하고자 한다. 새삼 소개가 필요 없고 또 많은 분들이 이미 읽어 본 고전이겠지만, 현대인을 위한 진정한 힐링의 의미로서 두 고전을 다시 읽어 보도록 권해드리려 한다.

『논어』와 『장자』는 각각 유교와 도교의 가르침을 대표한다. 유교와 도교는 중국을 비롯한 동아시아인들의 삶을 이끌어온 두 축이다. 일단 두 가르침은 표면적으로 서로 다른 특성을 나타낸다. 유교가 현세 삶 안에서의 구체적인 원리 혹은 지침을 제공해주는 것에 비해, 도교는 현세 삶의 한계와 모순을 초월할 수 있는 시각을 보여준다. 유교가 현실 삶의 구체적인 상황들에 정면으로 부딪치며 살아가도록 이끌어준다면, 도교는 현실 삶의 치열함이나 시시콜콜함을 훌훌 털어버리라고 제안한다. 유교가 초월적 진리道를 실현하기 위한 적극적이고 의식적인 노력을 강조하는 반면, 도교는 일체의 인위적인 노력을 버리고 자연스럽게 초월적 진리에 순응하는 삶을 추구한다.

이렇게 표면적으로 드러나는 두 길의 서로 다른 특성은 사실 상호보완적인 의미를 지닌다. 인간과 세상에 관한 진리의 각기 다른 측면을 보여주고 있다. 우리가 살아가며 마주치는 삶의 여러 시기 혹은 상황에 따라 어느 때는 유교가 또 다른 상황에는 도교가 적절한 답을 제시해준다. 두 길은 상반되거나 대립하는 것이 아니라 오히려 인간과 세상의 궁극적 의미 전체를 위해 모두 절실하다.

『논어』 – 군자君子다운 삶

『논어』 전체에 일관하는 핵심 주제는 무엇일까? '군자다운 삶'이라 설명하는 데 큰 이의가 없을 것이다. 인仁을 강조하는 사람도 있겠으나, 인은 곧 '군자다움'의 총체적 개념이라 이해할 수 있으니 결국 '군자다운 삶'으로 연결된다. 그렇다면 군자는 어떤 존재인가? 어떻게 사는 것이 군자다운 삶인가?

흔히 군자는 너무 멀거나 아예 실현 불가능한 초인적 존재 같은 것이라 생각하는 경향이 있다. 그래서 군자다운 삶의 목표를 나와는 상관없는 것으로 애당초 염두에 두지 않기도 한다. 그러나 사실 군자다운 삶은 인간이라면 누구나 추구해야 하는 마땅한 도리이다. 또한 모든 사람이 군자다운 삶을 실현할 수 있는 가능성천부적 도덕성을 지니고 태어난다.

이렇게 보면 군자다운 삶은 특별한 소수에만 해당하는 유별난 목표가 아니다. 모든 인간을 위한 기본적인 의미를 지닌다. 인간이라면 누구나 마땅히 걸어가야 하는 삶의 길이다. 인간과 세상을 어떻게 이해하고 현실 삶 안에서 어떻게 살아야 하는지 구체적인 방향과 지침을 제시해준다.

따라서 군자다운 삶은 궁극적 의미를 잃어버린 현대인의 문제를 치유해주는 힐링으로 작용할 수 있다. 근원적인 삶의 의미와 방향성을 상실하고 그저 무미건조한 일상의 반복 속에서 지치고 상처받은 현대인에게 왜 살아야 하는지 어떤 삶이 의미 있는 삶인지를 일깨워주는 진정한 힐링이 될 수 있다.

이제 현대인을 위한 진정한 힐링의 문제를 군자다운 삶에 관한 『논어』의 몇 구절과 연결시켜 생각해보자.

'자기 성찰'에서

우리가 현세 삶에서 지치고 상처받는 일차적 원인은 실제 현실 삶의 상황이 열악하고 모순을 지니기 때문이다. 그런데 삶의 문제 상황이 나에게 더 심각한 타격을 주는 것은 나 자신이 현실 삶의 상황에 충분하고 적절하게 대응하지 못할 때이다. 나에게 주어진 삶의 상황이 어떻게 이루어졌고 어떤 특성을 지니는지 제대로 파악하지 못하면 상황은 더 힘들어질 수밖에 없다. 아울러 그 상황에 처해 있는 나 자신이 무엇을 할 수 있고 어떤 것이 내가 감당할 수 없는 한계인지 파악하지 못할 때에 현실 삶은 더욱더 힘들어진다.

이렇게 볼 때 현실 삶에 대한 진정한 힐링은 끊임없는 자기 성찰에서 출발해야 한다. 자기 성찰이란 단지 나에 관한 성찰, 나의 내면을 살펴보는 것만을 뜻하지 않는다. 세상과 인간을 대하는 나에 관해 성찰하는 것, 즉 세상과 인간에 관한 나의 이해가 충분하고 적절한지 성찰하는 것 역시 중요하다. 삶의 상황과 주변 사람들에 대한 나의 이해에 부족함이 없는지 성찰하는 것, 다시 말해 문제의 원인을 나에게서 찾는 자세이다.

『논어』가 제시하는 군자다운 삶은 '자기 닦음수기修己'의 길이다. 그리고 자기 닦음은 지속적인 자기 성찰을 근간으로 한다. "날마다 세 가지로 내 몸을 살피니, 남을 위하여 일을 꾀하면서 충성스럽지 아니한가, 벗과 더불어 사귀면서 신실하지 아니한가, 전수받은 것을 익히지 못하였는가 등이다."학이學而 4 "남이 자기를 알아주지 않는 것을 걱정하지 말고, [내가] 남을 알지 못하는 것을 걱정해야 한다."학이學而 16 "덕을 닦지 못한 것, 배움을 강구하지 못한 것, 의義를 듣고 옮길 수 없는 것, 착하지 못함을 고칠 수 없는 것, 이것이 나의 근심이다."술이述而 3

남이 알아주지 않아도 노여워하지 않는다

우리가 살아가면서 흔히 상처받는 경우가 상대방주변 사람이 나를 잘 알아주지 않을 때이다. 나는 이만큼 해주었는데, 나는 충분히 대접받을 만한 사람인데, 왜 세상이 나를 제대로 평가해주지 않을까, 이런 서운함과 아쉬움이 원망과 분노로 변해 나 자신에게 깊은 상처를 준다.

어찌 보면 인간이기에 자연스러운 감정일 수도 있겠지만, 군자다움은 이런 마음가짐을 단호하게 떨쳐버리도록 일깨워준다. "남이 알아주지 않더라도 성내지 않는다면 또한 군자가 아니겠는가?"학이學而 1 남이 알아주기를 기대하는 것은 헛된 공명심이기 때문이다. 우리가 이런저런 일을 하고 남에게 도움을 주기도 하는 것은 무엇을 기대해서가 아니라 그저 마땅히 해야 하기 때문이라는 것이다.

군자가 이렇게 주변 사람이나 세상에 대한 기대바람로부터 자유로울 수 있는 것은 그가 마땅한 가치 혹은 진정한 진리 안에 머무르기 때문이다. "덕德은 외롭지 않다. 반드시 이웃이 있다."이인里仁 25 "비록 감옥에 갇히는 치욕을 받았다고 하더라도 실상 죄가 없고 또 한때에 이르는 불운으로 인한 것이니, 그 사람과 무슨 관계가 있다고 말할 수 있겠는가?"공야장公冶長 1

지나침이 없는 적절한 조화

현실 삶의 문제는 적절한 조화나 균형이 깨져 어느 한쪽으로 지나침이 근본 원인인 경우가 많다. 내면의 감정이 지나친 기쁨이나 슬픔에 빠질 때, 무턱대고 자신감에 넘치거나 극단적인 절망으로 좌절할 때 모두 문제 상황으로 이어지기 십상이다. 사회 제도나 규범에 있어서도 지나친 엄격함이나 지나친 방임 모두 폐단을 일으키게 된다. 사람을 대할 때 지나친 가식도 문제이지만 반대로 너무 표현이 없는 것도 상대방의 마음에 거슬린다.

사실 우리가 살아가면서 이러한 적절함을 유지한다면 많은 갈등과 상처로부터 자유로울 수 있을 것이다. 결국 진정한 힐링은 지나침이 없는 적절한 조화를 회복하는 일이다. "공자께서는 온화하면서도 엄숙하시며, 위엄이 있으면서도 사납지 않으시며, 공손하면서도 편안하셨다."술이述而 37 "바탕이 꾸밈을 이기면 거칠고 꾸밈이 바탕을 이기면 호화로우니, 꾸밈과 바탕이 어우러진 다음에야 군자이다."옹야雍也 16

진정한 힐링은 '자기 비움'

역설적인 이야기이지만 사실 나의 삶을 힘들게 하고 나에게 상처를 주는 가장 근원적인 주범은 세상도 남도 아닌 바로 나 자신이다. 나의 주관성, 고집, 편견, 집착이 끊임없이 주변 세상과 충돌을 일으킨다. 모든 일과 상황을 나 중심적으로, 나에게 편하고 유리하게 몰아가려 하면서 여러 갈등을 초래한다. 이런 근원적인 문제를 지닌 나를 인정하지 않고 어떻게든 합리화 정당화하려는 것 역시 '나'이다.

결국 진정한 힐링은 이러한 '나'로부터 벗어나는 것, 자기중심성을 해체하는 것으로 완성될 수 있다. 온전히 '나'를 비움으로써 세상과 모든 사람들을 있는 그대로 대할 수 있을 때 완전한 힐링을 이루었다 할 수 있을 것이다. "공자께서는 네 가지가 없으셨으니, 사사로운 뜻이 없으셨으며, 꼭 하겠다는 것이 없으셨으며, 고집이 없으셨으며, '나'라는 것이 없으셨다."자한子罕 4

이러한 자기 비움에 관해서는 공자가 스스로 일생 동안의 학문 과정을 설명하면서 이야기한 "예순에 귀로 들으면 그대로 이해가 되었다육십이이순六十而耳順."위정爲政 4는 말에서도 그 의미를 새겨볼 수 있다. 여기서 말하는 '이순耳順'은 무엇을 말할까? 글자 곧이곧대로 풀이하면 '귀가 순해졌다.'는 것인데, 귀가 순해진다는 것이 무슨 뜻일까? 학문이 깊어져 귀로 듣기만 해도 모든 이치가 이해되었다는 뜻이기도 하겠지만, 좀 더 속뜻을 음미해본다면 '들리는 대로 듣게 되었다.'는 뜻으로 이해할 수 있다. 들리는 대로 듣는다는 것은 세상과 주변 사람들을 있는 그대로 받아들이는 것을 의미한다. 그리고 이것은 진정 '나'를 비웠을 때 가능하다. 세상과 주변 사람들을 나 중심적으로 판단하고 걸러내지 않고 있는 그대로 받아들이는 것이다. 이렇게 될 때 우리는 세상 안에서 더 이상 상처받거나 속박 받지 않는 자유로운 존재로 거듭나는 힐링을 경험할 것이다.

『장자』, 소요유逍遙遊 – 자유롭게 노니는 삶

『논어』가 끊임없는 자기 성찰을 통해 현실 삶과 조화를 이루려는 노력으로 현대인의 문제 상황에 힐링의 의미를 주었다면, 『장자』는 복잡하고 치열한 현세 삶의 갈등 구조 자체를 훌쩍 뛰어넘는 초월적 절대 자유의 경지 안에서 힐링을 이루어준다. 『논어』가 현실 삶 안에서 인간의 삶을 올바르게 이끌어줄 수 있는 가치 체계를 구체적으로 세우려 한 것에 반해, 『장자』는 그 모든 체계와 틀을 해체시킨다. 그 체계와 틀이 만들어 낸 부자유한 현실 어디에도 얽매이지 않는 해탈解脫의 자유로움으로 이끌어준다.

처음 『장자』를 접하면 이러한 해체와 초월의 제안이 좀 당혹스럽게 느껴진다. 현실 삶을 열심히 살아가려는 의욕과 기대를 감소시킨다는 거부감을 지니게 되기도 한다. 하지만 『장자』가 제안하는 해체가 우리 인간의 분별과 집착이 만들어 낸 헛된 것의 해체를 뜻하는 것임을 알면 『장자』의 구원론적 참 의미를 이해할 수 있다.

아울러 바로 이 점에서 현대인을 위한 진정한 힐링으로서의 의미도 지닐 수 있다. 현세 삶에서 힘들어하고 상처받는 일이 정작 우리의 분별과 집착에 의해 만들어진 허울 속에 갇혀서 벌어지는 것임을 깨닫는 것, 그리고 과감히 그 속박에서 벗어나는 것이야말로 가장 근원적인 힐링일 수 있다.

이러한 절대 자유를 보여주는 『장자』의 몇 구절을 직접 읽어보자.

'쓸모없음'의 역설

오강남 『장자』(현암사, 2003)

혜자惠子가 장자莊子에게 말했습니다. '나에게 큰 나무 한 그루가 있는데 …… 그 큰 줄기는 뒤틀리고 옹이가 가득해서 먹줄을 칠 수 없고 작은 가지들은 꼬불꼬불해서 자를 댈 수 없을 정도지 …… 크기만 하고 쓸모가 없어서 사람들이 거들떠보지 않는 걸세' 장자가 말했습니다. '자네는 너구리나 살쾡이를 본 적이 없는가? 몸을 낮추고 엎드려 먹이를 노리다가 이리 뛰고 저리 뛰고 높이 뛰고 낮게 뛰다가 결국 그물이나 덫에 걸려 죽고 마네 …… 이제 자네는 그 큰 나무가 쓸모없다고 걱정하지 말고 그것을 아무것도 없는 고을무하유지향無何有之鄕 넓은 들판에 심어 놓고 그 주위를 하는 일 없이무위無爲 배회하기도 하고 그 밑에서 한가로이 낮잠이나 자게. 도끼에 찍힐 일도 달리 해치는 자도 없을 걸세. 쓸모없다고 괴로워하거나 슬퍼할 것이 없지 않은가?소요유逍遙遊 14

이 구절에서 장자는 우리의 현세적인 가치 기준을 해체시키는 역설적인 가치를 제시한다. 큰 나무가 있는데, 모양이 뒤틀어져 어떤 목수도 재목으로 사용하려 하지 않는다. 현세적인 가치 기준에서는 쓸모없는 나무이다. 그런데 정작 그 쓸모없음 덕분에 그 나무는 잘려나가 죽지 않고 살아남을 수 있었다.

과연 어느 쪽이 더 가치 있는 삶일지는 분명 논란이 있을 수 있다. 하지만 장자의 선택과 제안은 분명하다. 너구리나 살쾡이들이 어떻게든 살아보겠다고 이리 뛰고 저리 뛰어보지만 결국에는 덫에 걸려 죽고 만다는 비유를 들면서, 우리들이 현세 삶에서 아등바등 온갖 노력을 다해보지만 그 모두가 부질없음을 강조한다. 인간이 현세적인 기준에서 판단하고 의도하는 모든 것인위人爲은 한계가 있을 수밖에 없고, 오히려 이러한 부질없는 몸부림들로 인해 세상은 더욱 힘들어질 뿐이다. 뭔가 해야 한다는 속박에서 벗어나 진정한 '아무 일 없음무위無爲' 안에서 자유롭게 노닐라는 것이 장자의 제안이다.

나는 나를 잃어버렸다

남곽에 사는 자기子綦라는 사람이 책상에 기대앉아서 하늘을 쳐다보며 긴 한숨을 내쉬었습니다. 멍하니 앉아 있는 모습이 마치 자기 몸과 마음을 다 잃어버린 것 같았습니다 …… 지금 나는 나를 잃어버렸다오상아吾喪我. 그런데 네가 그 뜻을 알 수 있을까? 너는 사람들이 부는 퉁소 소리를 들어 보았겠지만 땅이 부는 퉁소 소리는 들어 보지 못했겠지. 설령 땅이 부는 퉁소 소리는 들어 보았을지 모르지만 하늘이 부는 퉁소 소리는 들어 보지 못했을 것이다.제물론齊物論 1

진정한 무위 안에서 자유롭게 노닐 수 있으려면 어찌해야 할까? 장자의 답은 '나를 잃음'이다. 이것은 앞서 『논어』에서도 강조했던 '자기 비움'이다. 진정한 무위는 단순히 아무런 일도 하지 않는 것이 아니다. 나 중심적인 분별과 집착에 의한 일을 하지 말라는 것이다. 나 중심적인 가치 기준과 기대 혹은 바람으로 나만의 틀을 만들어놓고 세상과 주변 사람 모두를 그 틀에 맞추려하지 말라는 뜻이다. 이러한 자기중심성을 해체하는 것이 '내가 나를 잃어버리는' 경지이다.

장자는 '나를 잃음' 다시 말해 진정한 무위의 의미를 하늘이 부는 퉁소 소리라는 비유를 통해 설명한다. 하늘이 부는 퉁소 소리는 사람이 부는 퉁소 소리, 땅이 부는 퉁소 소리와 연관지어 이해할 수 있다. 사람이 부는 퉁소 소리는 말 그대로 사람이 만들어 내는 소리다. 땅이 부는 퉁소 소리는 땅 위의 동굴이나 계곡 등이 만들어 내는 소리를 말한다. 동굴이나 계곡이 소리를 내는 것으로 보이지만 사실은 바람이 그 구멍을 지나며 나는 소리이다. 본래 바람 자체는 소리가 없는데 땅 위의 이런저런 구멍을 만나면서 소리를 만들어 내는 것이다. 하늘의 퉁소 소리는 이처럼 본래 소리 없는 바람 자체의 소리를 뜻한다. '본래 소리가 아닌 소리'이다. 진정한 무위자기 비움은 이렇게 스스로는 아무런 지어 냄 없이 그저 주어지는 조건과 환경에 맞추어 이런저런 모습을 드러내는 것으로 이해할 수 있지 않을까.

대립을 초월해야 – 일원론적 세계

옛 사람들 중에는 지혜가 지극한 경지에 이른 이들이 있었다. 얼마나 깊은 경지에 이르렀을까? 아직 사물이 생겨나기 전의 상태를 아는 사람이 있었다. 이것은 지극하고 완전한 경지로 더 이상 덧붙일 것이 없다. 그 다음은 사물이 생겨나긴 했으나 거기에 아직 경계가 없던 상태를 아는 사람이 있었다. 그 다음은 사물에 구별은 있으나 아직 옳고 그름이 없던 상태를 아는 사람이 있었다. 옳고 그름을 따지면 도道가 허물어진다. 도가 허물어지면 욕망이 생겨난다. 그러나 이루고 허물어지는 것이 과연 있는 것일까? 이룸과 허물어짐이라는 것이 따로 없는 것이 아닐까?제물론齊物論 14

이 구절에서는 깨달음의 세 경지를 보여준다. 가장 높은 경지는 '사물이 생겨나기 이전의 상태를 아는' 경지이다. 아무런 존재도 생겨나기 이전의 상태이다. 절대 무無의 경지, 있음과 없음이라는 의식조차도 없는 상태이다. 장자는 바로 이러한 절대 무의 상태가 본래의 참된 모습임을 강조한다.

두 번째 경지는 절대 무의 상태에서 존재가 생겨난 상태이다. 아무것도 없던 상태에서 무엇인가 생겨나긴 했지만, 그 존재를 대상으로 구별을 만들어 내기 이전의 상태이다. 순수 유有의 경지, 대상을 있는 그대로 순수하게 대하는 경지이다. 있음과 없음의 의식이 생겨나긴 했지만, 있음을 그 전체로하나로 받아들이는 경지이다.

세 번째 경지는 비로소 존재대상들 사이에 구별이 생겨난 상태이다. 하지만 대상들을 옳고 그름으로 가름하지는 않는다. 대상들의 모양이나 성격이 다르다고 인식하지만, 그 다름을 가치판단으로 연결시키지는 않는다. 그래서 아직 여기까지는 깨달음의 경지이다.

이렇게 볼 때 장자가 지적하는 현실 인간 존재의 근원적인 문제는 옳고 그름을 따지는 것이다. 그리고 옳고 그름을 따지는 문제의 바탕에는 '나' 중심성이 있다. 세상을 본래 있는 그대로 '하나의 모습'으로 보지 않고 나의 판단과 집착에 의해 옳고 그름으로 쪼개 버린다. 이렇게 내 멋대로 복잡하게 분열된 세상으로 만들어 놓고서 다시 나 스스로 그 틀 안에 갇혀 고통당하고 있다.

결국 장자가 제시하는 궁극적인 문제 해결 방안은 세상을 차별과 대립으로 인식하는 것에서 벗어나 본래의 '하나의 모습', 즉 일원론적 이해를 회복하는 것이다. 이러한 일원론적 본성을 『장자』에서는 '가공 이전의 통나무'로 비유하기도 하고, 일원론적 세계관의 회복을 '세상사물을 고르게 함제물齊物' 혹은 '하늘의 고름천균天均'이라고 표현한다. 『장자』가 현대인에게 전해주는 진정한 힐링의 의미 역시 나 중심적으로 만들어 내는 차별과 대립을 초월하는 데에서 이루어질 수 있다.

힐링 – 삶의 의미궁극적 의미를 되찾아야

분명 현대인에게 힐링은 필요하다. 메마르고 상처받은 내면의 문제를 방치하면 더 큰 문제, 개인을 넘어 사회 차원에서의 심각한 문제 상황으로까지 이어질 수 있다. 다만 이렇게 힐링이 절실해진 만큼 적합하고 온전한 힐링을 모색해야 한다. 본질에서 어긋난 힐링은 어설프게 치료 중 부작용만 더 커질 수 있다.

이런 맥락에서 '삶의 의미궁극적 의미를 되찾는 것이 진정한 힐링'이라는 제안은 분명 근원적인 성찰로서 의미를 지닐 수 있다. 어차피 외부 세계의 조건은 크게 바뀌지 않는다. 이렇게 저렇게 심리적 위로나 정신적 휴식을 시도해보아도 치열한 삶의 상황과 맞부딪혀야 한다는 현실은 여전하다.

결국 관건은 그러한 현실 삶 속에서 살아가는 '나'이다. 여전한 상황 속에서도 내가 어떤 의미와 방향성을 간직하고 살아가느냐에 따라 현실 삶은 고달프기만 할 수도 있고 충분히 행복하고 보람찰 수도 있다. 『논어』나 『장자』와 같은 고전은 인간과 세상에 관한 깊은 지혜를 전해줌으로써 이러한 궁극적 의미를 되찾는 힐링을 이루어줄 것이다.

5_ 브라보 마이 힐링 라이프

이연수 문학박사, 가톨릭대학교 ELP학부대학 교수

십여 년 전, 햇살이 무척이나 따사로웠던 어느 일요일 봄날. 여느 때처럼 아침 겸 점심을 먹고 남산 산책길에 올랐다. 날씨가 좋아서인지 유난히 산책하러 온 이들로 붐빈다. 유모차를 밀며 두런두런 이야기를 나누는 젊은 부부들이 눈에 많이 띈다. 한 부부는 무엇이 그리 재미있는지 깔깔거리며 이야기가 끊이지 않는다. 두 사람의 얼굴에는 웃음이 떠나지 않네. 행복이 저런 게 아닌가 싶다. 돈이 많아서도, 으리으리한 집에 좋은 차를 가져서도 아닐 게다. 서로를 바라보는 얼굴에 깃든 따스함과 애정 어린 눈빛. 그것만으로도 충분하다.

산책을 하는 건지 주변 사람들을 구경하는 건지 따스한 봄볕 한 줄기에 마음을 내주던 차, 갑자기 오른쪽 무릎에서 뚝, 하는 소리가 들린다. 순간 나도 모르게 움찔한다. 내 고질병이 시작되는 순

간이다. 다음 날부터 몇 년 전까지 계속된 병원과 한의원 순례. CT 촬영에 MRI 촬영, 숱하게 병원과 한의원을 번갈아가며 들락날락거렸지만, 별 차도는 없다.

마지막으로 들른 대학병원. 정형외과 과장은, 눈도 마주치지 않은 채 한쪽 다리를 꼬고 삐딱하게 앉아 손톱만 만지작거리며 한마디 툭 내뱉는다. "통증의 원인을 다 알 수 있을 것 같아요? 원인 모르는 통증도 무수히 많아요. 원인 모르는 통증으로 시달리는 야구 선수들이 얼마나 많은데요. 그냥 헬스나 하세요." 이게 다다. 나 같은 환자는 숱하게 보았다는 듯이, 괜한 돈 쓰지 말고 운동이나 열심히 하면 낫지 않겠느냐, 하는 투다. 나. 원. 참. 그게 환자에게 할 소리냐! 아프다는데. 어떻게 아픈지 얼마나 아픈지 검사하는 시늉이라도 해야 하는 거 아니니? 나는 그날 이후로 치료를 포기했다. 그냥 나의 통증과 함께 동고동락하기로 했다. 친구야, 놀자 하면서.

있는 그대로의 나를 사랑하기

작년, 여름방학이 되자마자 긴장이 풀려서인지 무릎에 다시 통증이 오기 시작했다. 지인의 소개로 알게 된 약국에서 약사에게 무릎이 아프다며 그간의 고질병 순례사를 말했더니, 대뜸 책 한 권을 권한다. 루이스 L. 헤이의 『치유: 있는 그대로의 나를 사랑하라』박정길 옮김, 나들목, 2012(개정판)였다. 나는 그 길로 대형서점에 들러 이 책을 사커피숍에 앉아 읽기 시작했다. 그 결과, 지금 이렇게 글을 쓴다. 루이스 L. 헤이는 영성과 자기계발 분야의 세계적 베스트셀러 작가로, 우리나라에도 꽤 알려진 인물이다. 사실, 이 책은 그녀의 자전적 이야기를 바탕으로 몸의 병은 마음에서 비롯된다는 내용을 담고 있다.

루이스 L. 헤이
『치유: 있는 그대로의 나를 사랑하라』
(박정길 옮김, 나들목, 2012, 개정판)

『치유: 있는 그대로의 나를 사랑하라』 앞부분에서는 자기계발 서적처럼 자기를 사랑하는 법에 대한 치유법을 소개한다. 모든 사람이 고통을 겪는 까닭은 자신에 대한 혐오와 죄의식에서 비롯되기 때문에, 그 사고 패턴을 바꾸지 않는 한 고통은 계속된다는 것이다. 사고의 전환을 하라는 말이다. 문제는 자기혐오와 죄의식은 생각일 뿐 사실이 아니라는 점이다. 그러니 잘못된 생각에서 벗어나는 길은 생각을 바꾸는 길밖에는 없다. 부모에게서 들었던 온갖 부정적 말로 인해, 어린아이는 부모의 말처럼 뭐든 잘 못하는 아이, 뭔가 부족한 아이, 어딘지 모자라는 아이로 키워진다. 정말 그런가? 아니다. 부모 또한 자신들의 부모에게서 그렇게 키워졌기에, 그렇게밖에는 아이를 키울 수 없었다. 사랑하는 법을 몰랐기에 사랑을 줄 수 없었던 것이리라. 아이는 절대로 잘 못하지도, 부족하지도, 모자라지도 않다. 아이는 그냥 아이일 뿐이다. 부모의 말처럼 자신을 못난 아이로 취급하며 숨죽여 울었던 그 아이를 돌보는 길은 있는 그대로의 제 모습을 사랑하는 것이다. 그것이 헤이가 이 책에서 줄곧 이야기하는 바다.

이 책에서 내가 눈여겨본 부분은 뒷부분에 나오는 내용이다. 우리 자신이 몸의 병을 만든다는 헤이의 생각을 드러내듯 우리 몸을 이루는 기관이 무엇을 상징하는지 어떻게 대처해야 하는지168-195쪽, 몸의 각 기관에서 일어나는 질병을 제시하고 그에 따른 생각할 수 있는 원인과 새로운 사고 패턴을 제시196-239쪽한다.

예를 들면 이런 식이다. "목구멍은 '원하는 것을 요구하기'나 '자신에 대해서 말하기' 등 자신을 '대변'할 수 있는 능력을 나타낸다. 목구멍에 문제가 생기면 보통 우리가 어떤 일을 할 권리가 없다고 느낀다는 뜻이다. 그래서 자신이 원하는 바를 당당하게 말하기 부끄러워한다." 가슴속 이야기는 머리와 가슴을 이어주는 목을 통해 입밖으로 전달된다. 가슴속 차오르는 이야기를 밖으로 내뱉을 수 없다면, 하고 싶은 말은 많은데 무엇에 가로막혀 이야기를 못하는지 자신을 돌아봐야 할 것이다.

루이스 L. 헤이가 치유에 관한 글을 쓰게 된 계기는 따로 있다. 그녀가 태어난 지 18개월 만에 부모님은 이혼하고 어머니는 다른 남자와 결혼한다. 하지만 새아버지는 폭력을 휘두르는 이였고, 그녀는 다섯 살 때 이웃에 살던 술주정뱅이 노인에게 강간까지 당한다. 노인은 15년형 선고를 받았지만, 사람들은 그녀가 잘못해서 그런 일이 벌어졌다고 했다. 그녀는 계속되는 사람들의 질타 속에 노인이 감옥에서 풀려나와 보복하지 않을까, 하는 두려움에 떨었다.

열다섯 살이 되자, 그녀는 육체·성적 학대를 견디다 못해 집과 학교를 떠난다. 언제나 사랑과 애정에 목말라 있던 지라, 친절하게 대해 주는 사람이면 쉽게 몸을 내주었고, 열여섯 살에 딸을 낳고 아이를 불임부부 집에 양녀로 보내게 된다. 그 후 패션모델이 되지만 자존감은 여전히 낮았다. 하지만 우연히 알게 된 '종교과학교회'에서 영성과 치유에 관한 공부를 하고, 교회 상담가로 활동하면서 초월 명상가의 길을 걷게 된다. 어느 날 그녀는 생식기 주위에 암이 생겼음을 알게 된다. 하필이면 생식기 주위에 암이 생겼을까? 그녀는 강간당한 다섯 살 이후 계속되는 육체·정신·성적으로 심한 학대를 받아왔다. '그들'에 대한 분노를 풀지 않고 그대로 힘겹게 버텨왔기에 억눌린 분노가 온몸을 잠식해 버렸음을, 암이 발병하고 나서야 알았다고 한다.

그녀는 말한다. 많은 이가 '치료 불가'란 말을 최후통첩으로 받아들이지만, 이는 어떤 의학적인 치료법으로는 고칠 수 없으니 이제는 제 안에서 치료법을 찾아야 한다는 뜻이라고. 그렇다. 아닌 척, 괜찮은 척 하며 살다 보면, 언젠가 폭발하기 마련이다. 아닌 게 아니라고, 괜찮은 게 아니라고, 몸이 말해 준다. 더는 몸이 버티지 못하겠다고, 신호를 보내는 것이다. "암세포가 내 몸을 갉아먹는 이유는 스스로를 용서하지 않았기 때문"이라며, 베개를 때리고 큰 소리로 고함을 지르면서 그동안 자신을 무섭게 짓눌러왔던 해묵은 분노를 드디어 토해내기 시작했다는 그녀. 그렇게 몸과 마음을 다스린지 6개월이 지나고 나서 더는 암의 징후가 보이지 않는다는 진단을 받는다.

그렇다면, 내 무릎 통증의 원인은 무엇일까? 제일 먼저 찾아본 부분이다. 넓적다리와 정강이 사이에 있는 관절의 앞부분이 바로 무릎이다. 무릎 관절이기에 구부리기도 하고 펴기도 한다. 무릎이 제 기능을 못할 경우에 '뻗정다리'라고 하지 않는가. 무릎은 굽힐 때 굽혀야 하고 펼 때 펴야 하는 법이다. "무릎에 문제가 생기면 자신이 어디에 고집을 부리고 있는지, 굽히기 싫은 쪽이 어디인지를 물어보라. 고집을 버려라. 인생은 계속 변화한다. 따라서 인생을 편안하게 누리려면 유연성을 갖고 변화에 발을 맞추어야 한다. 버드나무는 바람이 불면 나뭇가지를 굽히고 바람의 흐름에 몸을 내맡긴다. 항상 우아한 모습으로 인생의 변화에 적응하는 것이다."

그녀는 무릎이 낫기까지 시간이 꽤 걸리는데, 이유는 자존심 때문이란다. 자존심 때문에 굽혀야 할 데서 굽히지 못하고 버티다 그만 탈이 난다는 뜻이리라. 그랬구나. 그놈의 자존심이 내 무릎을 다치게 한 거였구나. 남이 시키는 일은 절대로 하지 않고 내켜야만 하는 이 못된 고집, 이건 아니다 싶으면 어떻게든 내 주장을 관철시키려 했던 똥고집이었구나. 나만이 옳다는 생각에서, 남의 의견은 무시하던 그 버릇이 나를 무릎 꿇게 만들었구나. '아하!'가 일어나는 순간이었다.

지금, 내 무릎은 괜찮은가? '아하!'가 일어났다고 모든 게 확 변한다면 좋겠지만, 몸에 밴 습성을 쉬이 버리기는 어렵다. 그래도 예전보다는 많이 나아진 편이다. 이 글을 쓰면서 생각해 보니, 올해 들어 무릎이 아프다고 여긴 적이 없었던 듯하다. 내 사고가 많이 유연해졌나 보다. 다행이다.

내면의 치유자 따르기

루이스 L. 헤이의 『치유: 있는 그대로의 나를 사랑하라』와 관련하여 함께 읽어 보면 좋을 책 한 권이 더 있다. 바로 크리스티안 노스럽의 『여성의 몸 여성의 지혜』강현주 옮김, 홍성환 감수, 한문화, 2000다. 몇 년 전 박사논문을 준비하며 여성과 관련된 책을 읽다 우연히 만나게 된 귀한 보물 같은 책이다. 의학박사이자 심신의학자인 크리스티안 노스럽은 이 책에서 여성에게 몸의 지혜에 귀를 기울임으로써 치유하는 방법을 알려 준다.

어려서부터 병치레가 잦았던 나는 부모 속깨나 태웠었다. 감기만 걸렸다 하면 편도선염으로, 방학 때 해수욕장을 다녀와서는 중이염으로 시달리고, 멀미 탓에 차만 타면 얼굴이 노래지면서 미리 챙겨 온 비닐봉지에 토해내기 일쑤였던 작고 연약한 아이였다. 6학년 때는 졸업을 앞두고 폐렴이 걸려 졸업사진도 나중에 간신히 따로 찍을 정도였으니. 엄마는, 칠삭둥이 미숙아로 태어나 인큐베이터에 3개월 넘게 있었던 내 건강이 늘 걱정거리였다. 그래서 녹용이 들어간 보약을 쓰다고 못 먹겠다는 아이에게, "이 약 먹어야 건

크리스티안 노스럽
『여성의 몸 여성의 지혜』
(강현주 옮김, 한문화, 2000)

강하고 튼튼해진다."는 말로 어르고 달래어 끝내 먹이곤 하셨다. 지금도 그 쓴 약을 먹던 장면이 떠오르는 것을 보면, 무척이나 힘이 들었나 보다.

이런 영향이었을까? 나는 몸에 좋다는 음식이며 약은 있는 족족 다 먹는다. 건강하지 못하다는 경험이 몸에 오래토록 배어서였을까? 아무튼, 내 스스로 나를 보호하고 챙기기 위해서다. 그런데도 여전히 나는 건강하지 못하다.

인생의 오후에 접어들면서 여기저기 몸이 아프다고 아우성을 치는 중이다. 허리가 아프고, 찬 것만 먹으면 배탈이 나고, 겨울만 되면 혈액순환이 안 돼 발은 얼음장처럼 차고. 대다수 중년 여성이면 고개를 끄덕이며, '나도 그래.' 하며 입가에 웃음을 지을지 모르겠다. 삶의 체험에서 철학이 나오듯, 내 몸과 관련하여 나름의 철학이 하나 생겼다. 골골 팔십까지 사는 거다. 아니 골골 아흔여덟 살이다. 내가 좋아하는, 프랑스 태생의 조각가 루이즈 부르주아1911-2010, 미국 태생의 화가 조지아 오키프1887-1986가 아흔여덟 해를 살다 가서다. 죽는 날까지 예술에 대한 자신의 열정을 불사른 그들처럼 나도 그렇게 살고 싶어서다. 또 골골한 내 몸을 보며, 나와 무관한 살덩어리가 아니라 내가 돌보고 어루만져야 할 진정한 내 몸, 나라는 걸 이제야 알게 되어서다.

카를 구스타프 융이 신은 질병을 통해 우리를 찾아온다고 말한 바 있듯이, 크리스티안 노스럽은 몸의 메시지에 귀 기울일 때, 감정, 육체와 영혼을 치유하게 된다고 말한다. 모든 병은 메시지라는 것이다. 치유는 몸과 머리에서 일어나는 유기적 과정이라는 말이다.

그녀는 여성과 관련된 질병을 하나하나 소개하는데, 먼저 의학적 현상을 설명하고 나서 그에 따른 식이요법과 영양학적 치료, 약물 치료, 행동 요법, 약초 요법을 제시한다. 겉보기엔 기존 의학서와 다를 바 없다. 하지만 그녀의 글 속에서는 가부장적 신화가 만들어 낸 사회 구조 속에서 여성이 받는 억압과 고통이 고스란히 몸의 고통이라는 병으로 드러나 있다. 따라서 여성 스스로 내면의 치유자를 따라 자신의 몸을 돌보고 치유할 수 있는 내면의 힘을 키워야 한다. 병은 외적으로 드러난 증상이지만, 그 이면에는 안팎으로 나를 억압하는 기저들이 숨어 있다. 그 기저들이 무엇인지 몸이 보내는 신호를 알아차리자고 호소하는 그녀의 따뜻한 마음에, 지혜에 귀를 기울여보면 좋겠다.

오래 전, TV 드라마 〈다모〉에서 유행하던 대사가 있다. 남자 주인공 이서진이 여자 주인공 하지원에게 건넨 말이다. “아프니? 나도 아프다.” 연인 관계가 아니어도 그 말만 들어도 온몸을 오글거리게 만들었던 말을 이제는 내 몸에 하고 싶다. ‘몸아 아프니? 내 마음도 아프다.’ 몸이 아픈 건 마음이 아프다는 뜻일 테니까. 아프게 해서 미안하구나.

모닝 페이지 쓰기

한가문연 비블리오 테라피 총서를 기획하면서 '치유' 주제와 관련해 제일 먼저 떠오른 책이 있다. 줄리아 카메론의 『아티스트 웨이: 내 안의 창조성을 깨우는 12주간의 여행』임지호 옮김, 경당, 2008이다. 여성학 관련 사이트를 찾다 우연히 발견하고 읽게 되면서, 사람들에게 읽어보라고 권한 책이기도 하다. 줄리아 카메론은 로버트 드 니로 주연의 〈택시 드라이버〉1976를 만든 마틴 스콜세지 감독의 부인으로, 남편과 함께 이 영화의 시나리오를 집필하기도 했다. 하지만 남편과 이혼한 뒤 우울증과 알코올 중독에 빠지면서 제 안의 창조성이 막혀 있음을 깨닫고, 창조성 회복의 기본 도구로서 '모닝 페이지morning page'를 개발해 자신뿐 아니라 수많은 이가 내면의 창조성을 되찾도록 하는 데 도움을 주었다.

이 책에 빠져든 데는 그만한 이유가 있었다. 2007년 12월을 끝으로 다니던 연구소를 때려치우며 더는 직장생활을 하지 않겠다는 이유도 있었지만, 박사논문을 끝내고 싶었던 터였다. 연구소를 다니면서 틈틈이 논문 자료를 읽고 번역도 해놓았지만, 뜻대로 써지지는 않았다. 뭔가 막혀 있는 느낌이 나를 사로잡고 있어서였다. 내가 원하는 바는 이게 아닌데, 어떻게 접근을 해야 하나? 답답하기만 했었다. 이런 방향이 아니라면 어떤 방향으로 써야 하나, 남들은 빨리도 잘 쓰던데, 나는 왜 한 줄도 쓰지 못하고 이러고 있나, 하는 무력감에 하루하루를 보내고 있던 시절이었다.

줄리아 카메론이 말하는 '모닝 페이지'를 나도 쓰면, 막혀 있던 내 안의 창조성이 봇물 터지듯 쏟아져 나올 듯싶었다. 그러면 논문을 쓸 수 있으리라 생각했다. 당장 무선노트 한 권을 사서 눈뜨자마자 책상에 앉아 내 안에서 올라오는 말을 쓰기 시작했다. 그녀는 노트 크기 상관없이 무조건 3장을 매일 12주에 걸쳐, 그것도 손으로 중간에 멈추지 말고 3장을 연달아 쓰라 했건만, 어떻게 쓰나 싶었다. 손으로 글을 써본지 언제인가 싶어 막막하기만 했는데, 신기하게도 써졌다. 어느 날은 아침에 꾼 꿈을 쓰며 내 이야기를 내리 쓰기도 했고, 다른 날은 눈뜨자마자 떠오르는 생각이나 느낌을 써 내려갔다.

줄리아 카메론 『아티스트 웨이: 내 안의 창조성을 깨우는 12주간의 여행』 (임지호 옮김, 경당, 2008)

하루는 사소한 오해로 말다툼이 오고간 후배에 대한 감정이 올라오면서 그 후배에 관한 이야기를 쓰기 시작했다. 십여 년 넘게 알고 지내온 성당 후배에 대한 섭섭함과 당혹감, 이해할 수 없는 마음에 대해 써 내려가는데, 한 장도 채 쓰기 전에 내 감정은 미움이 아니라 그녀가 왜 그렇게 반응하고 그런 말을 했는지 이해할 수 있는 공감의 마음으로 바뀌어 있었다. 그녀의 절박한 상황에서는 갑작스런 나의 전화 한 통에 참으로 당혹스러웠으리라. 입장을 바꾸어 생각하니, 나라도 그렇게, 아니 더한 반응을 보이지 않았을까?

그녀가 모닝 페이지를 쓸 때 멈추지 말고 계속 3장을 쓰라고 한 데는 이유가 있다. 다 쓴 이후에 어떤 내용을 썼는지 살펴보지도 말라고 한다. 그 이유가 뭐라고 생각하나? 바로 내면의 비판자인 '센서' 때문이다. "우리의 내면에 도사린 완벽주의자이자 심술궂은 비판자이기도 한 센서잠재의식의 억압력가 작동하기 때문이다. 센서는 우리의 좌뇌에 머물면서 끊임없이 파괴적인 발언을 해댄다. 센서는 쉼 없이 이렇게 말한다. '그걸 글이라고 쓰냐? 웃기네. 너는 구두점도 제대로 못 찍잖아. 지금까지 못 끝냈다면 절대로 끝내지 못할걸. 이런, 맞춤법도 틀렸잖아. 너는 대체 뭘 믿고 네가 창조적일 수 있다고 생각하는 거지?'" 센서의 이런 부정적 의견은 사실이 아니다. 제 스스로 키운 부정적 생각일 뿐이다. 그러니 진실이 아니라고 계속 자신에게 되뇌어야 한다. 그 연습부터 해야 한다.

그래서 12주 동안 모닝 페이지를 써서 박사논문을 무사히 마쳤느냐고? 애석하게도 그러질 못했다. 모닝 페이지를 쓰는 첫날부터 신나게 3장을 단번에 쓰는 바람에, 아침에 눈뜨자마자 모닝 페이지를 쓰는 일이 재미있고 기다려지기만 했었다. 내 안의 창조성이 하루하루 무슨 말을 어떻게 내게 거는지 궁금했고, 이렇게 12주 동안 줄기차게 쓰면 금방이라도 논문이 완성될 것만 같았으니까. 과유불급過猶不及이라고 했던가? 6주차에 접어들면서 오른손 가운데 손가락이 아프며 들기가 어려웠다. 이유를 몰라, 아픈 가운데 손가락 힘줄이 연결된 손바닥과 손등 부위를 며칠간 계속 누르며 낫기를 바랐다. 급기야 속기용 볼펜을 잡고 쓰는 일이 힘들어져 동네 한

의원을 찾았다.

한의사는 내 오른손과 팔을 만지더니 '건초염腱鞘炎'이라고 한다. 단시간에 무리한 동작을 계속 반복하다 보니, 가운데 손가락 힘줄에 염증이 생겼고, 힘줄이 연결된 오른팔 팔꿈치에까지 무리가 갔다는 것이다. 건초염은 야구선수나 무리하게 힘을 주어 도마 위에서 칼질하는 주부들에게 많이 생긴다며, 그간의 내 이야기를 듣고서는, "그만 쓰시지요." 한다. 내 모닝 페이지의 어설픈 역사는 한 달여의 해프닝으로 끝나 버렸지만, 나름 창조성 회복은 맛보아 다행이었다. 그 이후 1년 동안 논문에 매진한 결과, 드디어 박사논문을 마칠 수 있었다. 간혹 글이 안 써질 때는 다시 도전하고픈 마음이 들긴 하지만, 손가락이 아니라 팔 전체를 못 쓰게 될까봐 엄두조차 내지 않는다.

줄리아 카메론은 창조성은 인간의 자연스런 본성이라고 한다. 안전하고 모범적이며 논리적 뇌인 센서가 우리 안에서 작동하면, 우리는 언제나 자신에게 '이것밖에는 안 되니? 제대로 못하니?' 하며 자신을 비판하기 시작한다. 그 상태에서, 연상을 잘하고 자유분방하며 기발한 아이디어로 가득 차 있으며 전체적으로 생각하는 창조적 뇌가 분출될 수 있을까? 남을 의식하지 않고 자유롭게 글을 쓰고 그림을 그리고 말하며, 창조적 힘이 자유롭게 노닐 수 있도록 의식 속에 길을 터주는 일. 그렇게 살고 싶지 않은가? 그것이 있는 그대로의 나를 인정해 주는, 치유의 길일 터.

내 안의 아이와 화해하기

치유와 관련하여 마지막으로 소개할 책은 틱낫한의 『화해: 내 안의 아이 치유하기』 진우기 옮김, 불광출판사, 2012다. 틱낫한은 베트남 출신 승려이자 평화운동가로, 베트남 전쟁이 일어나고 있을 때 전 세계를 돌며 전쟁을 반대하는 연설과 법회를 열고, 파리 평화회의를 이끌었다. 현재 프랑스 보르도 지방에 '플럼빌리지plum village'라는 수행 공동체를 세우고 고통 받는 이들의 상처를 치유해 주며, 참여불교 engaged buddhism를 통해 사회문제에 적극 참여하고 있다.

"그 상처받은 아이는 끊임없이 자신을 돌봐 달라고, 사랑해 달라고 보챈다." 이 문장을 읽는 순간, 한 학생 얼굴이 떠올랐다. 잊고 있었는데……. 2년 전 한 교양과목 과제로 독후감을 내준 적이 있다. '영성' 과목이다 보니 종교서적 위주로 책을 정해야겠지만 그러고 싶지 않았다. 일반서적에서도 영성을 끄집어 낼 수 있기에. 가톨릭, 개신교, 불교 서적을 비롯해 일반서적에서 서너 권을 선정해 스무 권 가운데 읽고 싶은 책 한 권을 읽고 자신의 이야기로 풀어쓰라는 과제를 주었다. 그 가운데 하나가 틱낫한 스님의 『화해: 내 안의 아이 치유하기』였다. 45명 가운데 5명이 이 책을 읽었는데, 한 학생의 독후감이 내 마음을 아리게 했다. 제 이야기를 구구절절 쓰지 않아 어떤 사연이 있는지 모르지만, 읽으면서 느꼈던 불편한 감정을 숨김없이 적어 놓았다. 그 글을 읽는 나 또한 아주 많이 불편했던 기억이 새삼 떠오른 걸 보니, 이 책의 울림이 컸던 모양이다.

어른이면서 어른으로 자라지 못하고 어린아이로 남아 있는 어른이 우리 주위에는 참으로 많다. 겉으로는 건장한 청년의 모습, 한 가정을 이끄는 가장, 자상한 엄마의 모습으로 있지만, 내면은 어렸을 적 상처로 얼룩진 아이로 남아 있는 경우다. 무엇이 그들을 어린아이로 머물러 있게 하고 있을까? 어느 심리학자는 이렇게 말한다. 한 남자와 여자가 결혼하면 둘이 사는 게 아니라 넷이 산다고. 남자와 제 속 내면아이와 여자와 제 속 내면아이, 이렇게 넷이 산다는 뜻이다. 어렸을 적 상처가 트라우마로 자리 잡은 어린아이가 몸집만 커진 어른 몸 안에서 똬리를 틀고 고개를 쳐들고 있어서다. 그 아이를 어떻게 해야 하나? 어떻게 대해야 아이가 어른으로 성장할 수 있을까?

틱낫한 『화해: 내 안의 아이 치유하기』
(진우기 옮김, 불광출판사, 2012)

"당신 안의 아이에게 하루에도 여러 번 말을 걸어라. 그래야만 치유가 일어난다. 아이를 안아 주며 다시는 실망시키지 않겠다고, 홀로 남겨 두고 떠나지 않겠다고 다짐하고 또 다짐하라. 토닥여 주라. 그 작은 아이는 너무나 오랫동안 홀로 방치되어 있었다. 당신은 이 수행을 지금 당장 시작해야 한다. '나중'은 늘 뜬구름처럼 잡히지 않는 꿈일 뿐이다. 지금 당장하지 않는다면 언제 할 수 있겠는가!" 네 잘못이 아니라고, 더는 홀로 남겨두지 않겠다고, 더는 무서워하지 않아도 된다고, 내 안의 아이에게 계속 말해야 한다. 언제? '지금.' 틱낫한은 말한다. 내 안의 상처받은 아이에게 말을 거는 이 작업은 나만을 위한 수행이 아니라 실은 내 부모, 부모의 부모, 그 부모의 부모로 이어지는, 수많은 조상의 상처받은 아이들에게 말을 걸고 보듬어 안아 주는 수행이라고. 또한 내 자식, 자식의 자식, 그 자식의 자식으로 이어지는 수많은 후손을 위한 수행이기도 하다고.

어렸을 적 상처로 고통 속에 몸부림쳤던 아이는 멋진 '상처 입은 치유자'가 되어 자신처럼 상처로 얼룩진 이의 아픔을 헤아려 자유로운 영혼의 위로자가 될 수 있을 터. 부모의 상처가 자식의 상처로 대물림되지 않고 상처를 끊을 수 있도록, 내 안의 아이를 위로하고 보듬어 안으며 돌볼 수 있도록, 틱낫한 스님의 수행법을 권하는 바다.

고통과 치유. 별개의 주제인가? 아니다. '치유하다' '치유되다'는 표현에는 전제가 있다. 바로 병이나 상처로 고통 속에 있는 이들이 있다는 것이다. 고통 속에 있는 이들을 치유함으로써, 그들은 치유된다. 그러니 고통과 치유는 어찌 보면, 같은 개념일 수도 있겠다. 고통과 치유로 나누어 관련 책을 소개하기는 했지만, 치유에 관한 책이 고통에 관한 책이기도 고통에 관한 책이 치유에 관한 책이기도 하다는 말이다.

'치유'로 글을 쓰면서 제목을 '브라보 마이 힐링 라이프'로 정했다. 지난했던 고통스런 나날을 보내고 지금 나는 그야말로 '브라보 마이 힐링 라이프'를 살고 있다. 남을 의식하며 언제나 쭈볏거리기만 했던 아이는 이제 붉게 물든 저녁노을을 바라보며 웃음을 짓는다. 그리고 저만치 떨어져서 아직도 무서움과 두려움에 걸음조차 못 떼고 움츠려 있는 수많은 다른 어른아이에게도 손을 내미려 한다. 같이 가자고. 같이 힐링 라이프를 살자고.

젊음을 함께 나누었고 희끗희끗한 머리로 여전히 우리에게 기쁨과 여유를 주는, 봄여름가을겨울의 '브라보 마이 라이프' 가사 한 대목으로 이 행복을 대신 전하며, 글을 마치려 한다. "너의 어깨에 잠자고 있는 아름다운 날개를 펼쳐라."

김수정

이화여자대학교 사회복지학과에서 박사학위를 받았다. 국제 사이버대학교에서 가르치며, 수원시 인권위원회 위원으로 활동하고 있다.
연구업적으로는 공저 『사회행동입문: 사회정의실현을 위한 사회복지사의 책임』(2007),『사회복지법제론』(2012) 등이 있고, 연구보고서《가톨릭 사회복지인력의 양성방안과 과제》(2010)가 있다.

김영수

경희대학교 대학원에서 박사학위를 받았다. 주 관심사는 '가톨릭과 한국 민속'이다. 가톨릭계 대학에서 가르치고 있다.
연구업적으로는 『필사본 심청전 연구』(2001), 『천주가사 자료집(상·하)』(2000-2001) 외 공저 포함 22권의 저서 및 해제, '가톨릭과 한국 민속' 분야에 관하여 집필한 다수 논문, 역서 『황사영 백서』(1999)가 있다.

박문수

연세대학교 신학부를 졸업한 후 서강대학교 대학원에서 가톨릭 신학전공으로 박사학위를 받았다. 가톨릭계 대학, 대학원에서 가르치고 있다.
연구 업적으로는 『디지털 영성』(2012) 외 공저 포함 15권의 저서, "정보사회의 윤리문제와 신앙생활 양식"(〈신학사상〉, 1995 가을호)을 비롯한 56편의 논문, 『요한 바오로 2세, 희망의 문턱을 넘어』(시공사, 1994) 외 공역 포함 9권의 역서가 있다.

오지섭

서강대학교 대학원에서 박사학위를 받았다. 서강대학에서 가르치고 있다. 한국 가톨릭문화연구원 이사, 일산에서 북카페 〈서재〉를 운영하며 다양한 인문학 프로그램을 진행하고 있다.
연구 업적으로는 『예수님의 길에서 만나는 이웃종교』(꼬무니오, 2013년) 외 공저 포함 4권의 저서, 종교학 분야와 종교와 가톨릭 관계를 다룬 논문들이 다수 있다.

이연수

서강대학교 대학원에서 석사학위를 받고, 가톨릭대학교 종교학과에서 『사도행전과 바오로 서간에 나타난 가정교회 연구』(2011) 논문으로 박사학위를 받았다. 우리신학연구소 연구위원과 한국가톨릭문화연구원 연구이사로도 활동하고 있다.
연구업적으로는 역서 『바이블 아틀라스』(생활성서사, 2012)가 있다.